스마트 미디어 시대
디지털 문자와 한자교육콘텐츠

이 저서는 2018년 대한민국 교육부와 한국연구재단의 지원을 받아 수행된 연구임
(NRF-2018S1A6A3A02043693)

경성대학교 한국한자연구소 학술총서 ❹

스마트 미디어 시대
디지털 문자와
한자교육콘텐츠

심현주 지음

역락

머리말

　　인류 문명사의 주체는 누구일까? 생각할 겨를도 없이 인간이라고 답할 것이다. 인류가 걸어온 상징적 흔적을 탐색하는 인류학은 인간의 지능과 도구라고 답할 것이다. 인류 문명은 인간의 상징적 활동이 축적된 결과물이기 때문이다.

　인간의 상징적 활동은 언어와 문자의 매개로 이루어진다. 상징 도구로서의 언어와 문자는 인류 문명과 문화를 만든다. 오랫동안 인류 문명의 진화는 언어중심주의(logocentrism) 세계관에 갇혀있었다. 기호학의 개념을 제시하고, 구조주의의 이분법적 사고를 제안한 소쉬르도 언어중심주의에 빠져 있었다. 기표와 기의를 언어기호 중심으로 설명하고, 문자기호는 목소리를 기록하는 단순한 코드로 간주했다. 문화언어학자 에드워드 사피어도 언어가 문화를 떠나서는 존재할 수 없다며, 언어기반의 자문화중심주의와 알파벳 문자의 우수성만을 강조했다.

다행스럽게 해체주의자 데리다가 이분법의 구조주의 사고와 언어중심주의 세계관의 해체를 주장한다. 〈문자학(Grammatology)〉에서 그는 언어의 소리는 한순간에 사라지지만, 문자는 인간의 상징적 활동을 기록하고 저장하며 흔적을 남긴다며 문자의 쓰기(écriture) 기능을 강조한다.

또한 인류 문명사를 연구한 인류학자 잭 구디도 문자를 인간의 지적 기술(Intellect Technologies)로 규정하며, 문자의 위상을 격상시켰다. 그의 지적 기술 개념은 문자가 디지털의 물질성을 갖게 되고, 인공지능의 문자 데이터로 활용되고 있는 현시대에 적합한 이론이다.

이 책의 구상은 경성대 HK+ 한자문명연구 사업단에서 한자교육콘텐츠를 기획하면서 시작되었다. 동아시아 한자문명의 상징 도구인 한자가 디지털 기술의 접목으로 스크린 사회를 조성하는 디지털 한자로 변신하고 있다. 디지털 한자의 문자적 가치와 교육적 가치가 디지털 스크린에서 어떻게 작동되고 있는지 궁금증을 해소하기 위해 이 책을 구상하게 되었다.

이 책은 3부로 세분화하여 구성하였다. 1부는 〈문자와 디지털 문자〉로 디지털 문자학 구축에 필요한 학제적 차원의 개념을 소개하고 있다. 언어학, 인류학, 기호학, 철학, 인지과학 등의 학자들이 제시한 논리적 개념을 제안하고 있다.

2부는 〈디지털 한자기호와 해석모델〉로 디지털 한자기호의 도상 기억술과 인지기능에 관한 접근이다. 디지털 한자가 스마트폰의 SMS 문자, 이모티콘, 화성문(火星文) 등으로 확산되는 현상과 해석자의 인지적 해석모델을 제시하고 있다.

3부는 〈한자교육콘텐츠의 기획 방법론〉으로 중국 온라인 교육 시장에서 유통되는 콘텐츠를 선별하여 분석하였다. 또한 스토리텔링의 내러티브 스키마 모델로 한자교육콘텐츠의 기획 방법론을 소개하고 있다.

모쪼록 이 책이 인공지능 시대의 디지털 한자의 문자적 가치와 교육적 가치를 확산하는 학제적 연구의 단초가 되길 바란다. 또한 한자교육콘텐츠를 연구하는 연구자들에게 학제적 차원의 이론과 방법론을 확장할 수 있는 연구의 방향을 제시해 줄 수 있기를 기대한다.

2021년 서초동 ART CODE

심현주

8

차례

머리말   · 5

제 1 부
문자와 디지털 문자   ———

· 1장· **디지털 문자**   · 15
  1. 디지털 문자의 개념   · 17
  2. 문자 리터러시와 아비투스   · 21
  3. 디지털 문자와 지적 기술   · 26

· 2장· **디지털 문자의 의미작용**   · 33
  1. 디지털 스크린과 문자   · 35
  2. 디지털 문자의 의미작용   · 39
  3. 디지털 문자의 인지기능   · 42

제 2 부
디지털 한자기호와 해석모델 ————

· 1장· **한자기호의 도상과 인지기능** · 49
　　1. 도상과 상징의 한자기호 · 51
　　2. 한자기호의 도상 기억술(記憶術) · 54
　　3. 한자기호의 해석모델 · 59

·2장· **디지털 한자기호와 스크린** · 67
　　1. 디지털 한자기호의 조종과 어포던스(affordance) · 69
　　2. 한자기호와 SMS 문자 · 74
　　3. 이모티콘과 화성문(火星文) · 79

제3부
한자교육콘텐츠의 기획 방법론 ———

·1장· **한자교육콘텐츠의 개념과 방법론**　　　　　　· 85

　　　1. 한자교육콘텐츠의 개념　　　　　　　　　· 87

　　　2. 한자교육콘텐츠와 상호작용　　　　　　　· 89

　　　3. 한자교육콘텐츠와 내러티브 스키마　　　　· 92

·2장· **한자교육콘텐츠의 이론 및 사례 분석**　　　　· 97

　　　1. 한자교육콘텐츠 기획과 내러티브 스키마　　· 99

　　　　1) 카드 뉴스 〈한자테라피〉　　　　　　　· 99

　　　　2) 한자교육 웹툰 〈군자구담〉　　　　　　· 107

　　　2. 중국 한자교육콘텐츠의 사례　　　　　　　· 113

　　　　1) 중국 한자교육콘텐츠의 장르　　　　　· 113

　　　　2) 중국 한자교육콘텐츠의 이론적 배경　　· 115

　　　3. 중국 한자교육콘텐츠의 장르별 사례 분석　· 118

　　　　1) 스토리텔링 기반의 한자교육콘텐츠　　· 118

　　　　2) 캐릭터 기반의 한자교육콘텐츠　　　　· 125

3) 이미지텔링 기반의 한자교육콘텐츠   · 135
4) 스마트 미디어 디지털 전자사전   · 145

맺음말   · 149
참고문헌   · 154
참고자료   · 157

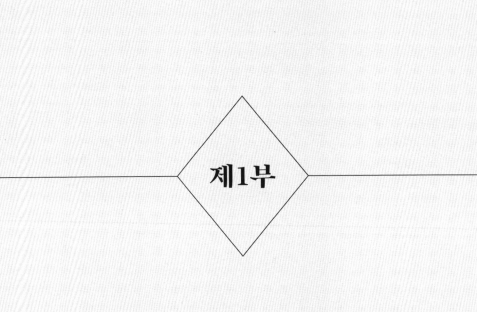

제1부

문자와 디지털 문자

1장

디지털 문자

1. 디지털 문자의 개념

인간은 상징적 활동을 통해 사회적 공동체를 형성하고 소통하는 문화적 환경을 만들어가고 있다. 인간의 상징체계에 관한 접근은 인류학에서 다루는 주제를 넘어, 다양한 학제적 관점에서 접근하는 범용성이 강한 주제이다. 인류의 역사는 상징체계의 역사이고, 상징을 매개로 인간의 소통 방식과 다양한 매체를 진화시키고 있다. 동물과 차별화된 인간의 변별성은 상징적 활동을 일상생활 속에서 사용한다는 것이다. 생물학적 본능에 의한 배고픔, 추위, 두려움의 욕구를 분출하는 것이 아니라, 사람과 사람 사이의 소통을 매개로 자신의 욕구와 욕망을 표출한다.

구석기 시대의 호모사피엔스가 그린 프랑스 라스코 동굴의 벽화 이미지는 인간의 상징체계를 잘 보여주고 있다. 평면의 이미지에서 살아 있는 입체적 이미지를 선보인 피카소도 현대 예술은 라스코 동굴의 이미지로 사라졌다고 극찬했다. 그는 라스코 동굴이 시공간을 초월한 인류 최초의 웅장한 예술 작품이고, 인류 최초의 상징적 활동에 관한 흔적이라고 예찬했다. 호모사피엔스는 부족의 생존을 위해 매일매일 수행하던 사냥 중에 마

주친 사슴, 말, 소 등의 동물들의 모습과 사냥을 하던 인간들의 모습을 그대로 이미지로 재현했다. 언어와 문자가 존재하지 않았던 그들에게 이미지는 소통의 상징적 도구였다.

상징이란 무엇인가? 상징은 사회구성원들의 자의적인 약속과 암묵적 동의하에 이루어지는 총체적인 문화적 활동을 의미한다. 이는 인간의 감각과 인지 그리고 기억과 관련이 있다. 인간의 상징적 활동을 보장하는 도구는 언어와 문자이다. 언어와 문자는 인류가 발명한 최고의 상징도구이다. 언어와 문자가 존재하지 않았다면 인류의 소통과 상징적 활동은 라스코 동굴의 벽화 이미지에 박제되어 인류의 진화는 지체됐을 것이다. 하지만 인간은 6,000개의 언어와 함께 400개의 문자를 상징도구로 발명하여 사용하였고, 현재 남아있는 50여 개의 문자가 인류의 문명과 문화를 만들어가고 있다.

언어와 문자는 인간의 상징체계를 보여주는 문명의 도구이며, 인류 문명이 걸어온 흔적과 발자취를 기록하고 저장하는 상징도구이다. 또한 언어와 문자는 일상생활을 만들어주는 생활의 도구이고, 인간의 마음을 표현하는 감성의 도구이며, 인간의 차별화된 소통의 코드가 작동하는 상징기호이기도 하다. 상징기호인 문자를 읽고, 쓰고, 해석하는 능력을 문자 리터러시라고 한다.

인간의 문자 리터러시 능력이 문명의 발전을 주도하고 있다.

디지털 문자의 개념은 기술과 매체의 발전으로 공진화하고 있다. 매체의 발전에 따라 문자는 물질성을 갖게 된다. 인쇄술의 등장과 종이 제조 기술의 발전으로 문자의 위상이 점차 진화하였다. 인쇄술의 잉크가 문자의 물질성을 만들어 주면서, 문자는 권력층의 소유물이 아닌 일반 서민들에게 정보와 지식을 전파하는 소통의 도구로 자리매김했다.

오늘날 디지털 기술과 디지털 스크린의 등장은 문자의 위상을 혁신적으로 변화시키고 있다. 시각 중심의 문자 기술에서 촉각과 터치의 문자 기술로 진화하고 있다. 그래서 디지털 문자의 개념은 단일 학문의 영역이 아니라, 언어학, 문자학, 기호학, 미디어, 인지과학 등의 학제적 관점이 개입하고 있다. 특히 문자는 새로운 매체가 등장함에 따라 문자의 형상과 쓰임새가 빠르게 진화되고 있다. 컴퓨터에서 스마트폰의 등장으로 문자의 형상과 쓰임새는 혁신적으로 바뀌었다.

생태 미디어학자 월터 옹은 이려한 현상을 미디어 모로포시스(media morphosis)라는 개념으로 설명하고 있다.[1] 새로운 매체의

---

1 월터 옹, 임명진 역(2018), 구술문화와 문자문화, 문예출판사.

등장에 따라 문자의 형상이 변화한다는 것이다. 또한 기호학자들은 새로운 매체가 등장함에 따라 문자가 새로운 물질성을 갖게 된다고 주장하고 있다.

　스마트폰과 뉴미디어인 SNS의 등장으로 문자는 디지털 영상 스크린에 사용되는 디지털 문자로 전환되고 있다. 스마트 폰에 사용하는 SMS 문자는 디지털 기술로 소통하는 문자이다. 영상 스크린의 디지털 문자는 종이 위에 쓰는 행위인 손의 움직임과 압력으로 쓰는 것이 아니라, 터치를 매개로 선택되는 문자이다.

　또한 디지털 문자의 변별성과 속성은 디지털 기술의 개입으로 시각화되어 가고 있다. 시각화된 문자의 가시성과 가독성은 디지털 영상 스크린에서 소통기능과 인지기능을 수행하고 있다. 온라인에서 비대면의 SMS 문자로 사람들과 소통하고 메시지를 전달하는 기능이 더욱더 강화되고 있다. 이것은 문자가 다양한 정보와 지식을 생성하고 저장하는 인지기능이 온라인의 영상 스크린에서도 작동하고 있다는 것이다.

2. 문자 리터러시와 아비투스

문자 리터러시는 문자를 읽고, 쓰고, 해석하는 총체적인 학습의 과정을 지칭한다. 집에서 키우던 가축의 수를 기억하고, 이웃집과의 물물교환으로 주고받았던 가축의 수치를 쇄기문자로 점토판에 기록했던 수메르인의 쓰기 행위가 문자 리터러시의 시작이다. 또한 하루의 날씨, 사냥, 정치 등을 거북이 배에 쓰면서 일상을 예측한 것을 기록한 중국 상나라 시대의 갑골문도 문자 리터러시의 시작이다.

구석기 시대 생존을 위해 수행했던 사냥의 경험을 기억하기 위한 주술적 행위로 재현한 2,000개의 이미지 역시 이미지 리터러시의 시작이다. 라스코 동굴에 그려진 동물의 이미지를 보고, 인간은 이미지를 읽고 다시 그리는 리터러시 역량을 실천하게 된 것이다.

문자를 읽고, 쓰는 독서행위인 문자 리터러시는 인간의 몸과 감각기관에 저장된 정형화된 습관인 아비투스(habitus)이다. 프랑스 사회학자 부르디외는 개인과 집단의 학습과 경험으로 정형화된 몸의 습관을 아비투스라고 규정하였다.[2] 아비투스는 감각적 경험으로 몸이 기억하는 규칙이고, 의미를 생성하는 엔진이다. 사람들이 일상의 습관에서 규칙을 배우고, 의미를 부여하면서 공동체를 구성한다는 개념이다. 그의 개념을 문자에 적용하면, 읽고 쓰는 행위는 개인과 집단이 무의적으로 수행하는 습관이다. 문자에 따라 문자 쓰기의 방향도 좌우, 상하의 다양한 습관을 요구하고 있다.

문자 리터러시의 습관은 기술과 매체의 발달에 따라 상이하게 나타난다. 인터넷이 등장하기 전에는 텍스트 기반의 시각적 활동이 이루어졌다. 시각과 청각 중심의 텍스트 시대를 지나 스크린에 배치된 문자를 검색하는 오늘날에는 촉각의 쓰기 혹은 터치 행위가 중요해졌다. 아침에 눈을 뜨자마자 우리는 뉴스를 보면서, 필요한 정보를 검색하는 쓰기 행위를 시작으로 하루를 시작한다. 시각과 촉각의 감각적 움직임이 함께 작동하면서 쓰기가 아닌, 터치의 활동으로 정보를 검색한다. 쓰기의 리터러시 활동이 터치의 리터러시 활동으로 전환되는 디지털 문자 시대를 살아가고 있다.

---

2   김동일(2016), 피에르 부르디외, 커뮤니케이션북스.

매체학의 학문을 개척한 맥루한은 미디어가 메시지라고 했다. 미디어를 정보 전달의 단순한 기능으로 보는 것이 아니라, 매체 자체가 메시지라는 의미를 담고 있다. 디지털 기술의 발전으로 등장한 새로운 매체와 플랫폼이 우리의 감각을 끊임없이 확장시키고 있다. 문자 이전에 인류 문명사를 주도했던 매체는 언어였다. 언어를 중심으로 소통이 이루어지고, 언어를 기반으로 구술문화가 조성되었다. 구술문화는 말하는 사람인 화자가 중요했던 시대이다. 이야기를 듣는 청자의 반응보다는 말하는 사람인 화자의 수사학적 기법이 존중받던 시대이다. 그래서 그리스의 철학자들은 수사학을 신학 다음으로 중요하게 다루었다.

구술 문화 시대에는 언어가 소통의 매체로 사용되었다. 화자의 목소리가 청자의 청각을 통해 전해지면서 소통이 이루어졌다. 사람들의 생각과 사유의 방식도 언어를 매개로 이루어졌다. 프랑스 해체주의 철학자 데리다는 언어기반의 사유를 언어중심주의(logocentrism)라고 규정하였다. 음성 언어가 문자보다 우월하고, 음성으로 표현한 말이 글을 표현한 문자보다 더 진실하다는 관점으로 세상을 바라보는 독트린이다.[3]

---

3 나카사마 마사키, 김상운(2018), 자크 데리다를 읽는 시간, 아르테.

　언어중심주의 세계관과 구술문화 시대를 선도한 학문이 수사학이었다. 수사학은 그리스어로 레토리케 테크네(rhêtorikê tekhnê)이다. 그 의미는 말하는 화자의 예술과 기술이란 뜻이다. 수사학에서 구술은 예술인 동시에 기술이라는 것이다. 말을 하는 화자의 담론에 관한 예술이라고 격을 높이고 있다. 말을 한다는 것이 단순하게 의사소통을 하는 것이 아니라, 다른 사람을 아름다운 언어로 설득하는 예술이고 기술이라는 의미를 함축하고 있다. 그리스 시대의 철학자들이 자신의 철학적 메시지를 전달하고 설득하기 위해 습득한 것이 목소리 기반의 수사학이었다.

　당시 그리스 철학자들은 말하기 기술과 예술을 실천하기 위해서는 5가지의 수사학적 코드가 필요하다고 했다. 이것은 다른 사람들을 우아하게 설득하기 위한 소통의 전략이었다. 첫 번째는 발견의 코드이다. 다른 사람을 설득하기 위한 논리를 발견하는 것이다. 논리를 발견한다는 것은 자신이 전달하는 내용을 구조화하는 것이다. 어떤 주제를 어떠한 소재로 이야기 할 것인지 논리를 만드는 단계이다.

　두 번째 코드는 배치이다. 말을 하는 순서를 정하고 배치하는 것이다. 설득을 위해 유사한 사례를 먼저 이야기 할 것인지, 혹은 논리 전개를 위해 개념을 먼저 정의할 것인지 소통의 맥락에 따른 논리의 배치에 관한 것이다. 세 번째 코드는 말투인 화법이다. 화법을 위해서는 단어의 선택이 중요하다. 상황에 적합한 설득이 가능한 단어를 선택하여 이야기하는 것이다, 네 번째 코드는 발성이다. 선택한 단어를 정확한 발음으로 발성하는 기술이 중요하다. 발성에는 리듬과 템포 그리고 악센트 등의 음성학적 조건으로 다른 사람에게 듣기 좋은 발음이 중요하다는 것이다.

마지막 코드는 기억이다. 자신이 이야기하는 담론을 청자의 기억 속에 저장시키는 것이다. 선택한 단어나 사례 등을 구술문화의 기법의 이야기 장치로 기억에 저장시키는 자신만의 담론을 만드는 것이다. 이것이 수사학의 5가지 코드로서 오늘날의 소통 전략에도 적용 가능한 접근법이다. 5가지 코드가 화자의 담론과 메시지를 일방적으로 전달하는 것이 아니라, 청자의 반응과 상호작용을 유도하기 위한 담론 전략을 담고 있다.

수사학의 5가지 코드는 구술문화를 주도했던 철학자들에게 다른 사람을 설득하는 말하기 예술에 관한 규칙이었다. 구술문화의 이론과 방법론을 제공했던 수사학은 오늘날 광고홍보 전략 차원에서 여전히 유용성을 보여주고 있다. 은유, 비유, 환유 등의 수사학적 방법으로 메시지를 전달하는 영역에서 설득의 기술과 예술의 존재감을 과시하고 있다.

반면에 문자문화는 음성중심의 청각에서 쓰기라는 촉각의 감각기관을 확장하면서 문자문명시대를 주도하고 있다. 문자문화는 시각과 촉각을 매개로 인류사를 기록하고 기억하는 인지기능이 작동하는 플랫폼으로 자리매김하고 있다. 구술문화시대 언어학자들은 문자기능이 언어의 소리를 기록하는 코드라는 관점에서 벗어나지 못했다. 하지만 오늘날의 디지털 문자는 언어의 소리만을 기록하지는 않는다. 디지털 영상 스크린에 배치된 디지털 문자는 사색과 인지를 유도하는 상징도구이고, 인공지능 시대의 새로운 문자문화를 조성하는 지식의 도구로 진화하고 있다.

3. 디지털 문자와 지적 기술

인류 문명사를 연구했던 인류학자 잭 구디(Jack Goody)는 인류가 발명한 최고의 기술 중에 하나가 문자이고, 문자가 지적 기술(Intellect Technologies)이라고 규정했다.[4] 문자가 문명사의 지식체계를 구축하고 발전시키는 원동력이라는 주장이다. 실제로

---

4   Jack Goody(1979), The Logic of Writing and the Organization of Society, First Edition.

사회구성원들의 문자 쓰기라는 미학적 행위를 통해 지식과 정보를 공유하고 기록하는 습관이 생겼다. 이것은 인간이 이미지에서 문자로 미학적 활동을 확장한 것이고, 문자의 소통기능과 인지기능을 사용하면서 인간의 지식체계를 확장하게 되었다는 논리이다. 뇌 과학자들도 문자의 지적 기술이 문자를 읽고 쓰는 뇌의 새로운 영역을 만들었고, 인간의 생물학적 뇌의 용량을 확장했다고 주장한다.

인류 문명이 언어중심주의의 세계관에서 벗어날 수 있었던 것은 문자의 기능을 새롭게 접근한 언어학자의 연구 패러다임이 변했기 때문이다. 특히 기호를 언어기호로만 규정한 소쉬르의 이분법적 개념을 부정하는 것에서 출발한다. 소쉬르의 기호학 개념에서 문자기호의 기능에 관한 언급이 제한적이다. 소쉬르는 문자의 기능을 단지 언어의 소리를 기록하는 코드로 의미를 축소했다. 언어 중심주의 세계관을 바탕으로 기호학 이론을 전개한 것이다.

이러한 소쉬르의 관점에 반하는 문자 중심의 새로운 세계관이 등장했다. 문자를 통해 세상을 바라보고 인식하는 사색의 도구로 문자의 기능을 새롭게 접근하는 것이다. 언어에서 문자 중심의 사고를 한다는 것은 인간의 감각과 습관의 혁신적인 변화를 의미한다. 일상생활 속에서 소통의 습관을 바꾸는 변화이다. 문자 중심의 세계관으로 패러다임을 바꾼 학자가 프랑스의 해체주의 철학자 자크 데리다이다.

문자학을 의미하는 데리다의 그라마톨로지(Grammatology)[5]에서 인간이 쓰기 행위(écriture)를 통해 흔적을 남기고 소통한다는 문자기능을 확장하는 논리를 전개하였다. 데리다의 문자학 논리에 영향을 받은 학자는 영국의 기호학자 로이 아리수였다. 기호학 관점에서 문자를 접근한 언어학자 로이 아리수(1995)[6]는 인간이 무언가를 쓰고 흔적을 남기는 행위는 숭고한 행위이고, 쓰기를 통해 한 사회의 믿음이 구축된다고 언급한다. 그는 조지 오웰의 소설 〈1984〉의 주인공 윈스턴 스미스가 감시받는 사회에서 일기장을 열고, 1984년 4월 4일 이라고 쓰는 행위를 묘사하는 장면을 인용하면서 쓰는 행위의 정치·사회적 의미를 이야기하고 있다. 감시받는 닫힌 사회에서 문자를 쓰는 행위는 함축적 의미를 담고 있다. 쓰는 행위 자체가 인간의 정치적 참여이고, 인간의 존재적 가치를 상징적으로 보여주는 소설의 한 장면이다. 언어로 말

------

5 Jacques Derrida, 김성도 역(2010), Grammatology, 민음사, 2010.
6 로이 아리스, 김남시 옮김(2013), 문자의 기호들, 연세대학교 대학출판문화원.

을 한다는 것과는 달리 문자로 자신의 생각을 시각화하는 글을 쓰는 행위는 인간의 존재적 가치를 보여주는 상징적 행위인 것이다.

데리다의 그라마톨로지와 잭 구디의 지적 기술 개념은 언어 중심주의 관점에서 언어를 기록한 코드로 간주되었던 문자의 위상을 회복시킨다. 특히 지적 기술은 인류 문명이 문자의 인지기능을 중심으로 확장되었음을 보여주는 개념이다. 사회구성원들이 문자 쓰기 행위를 통해서 인지기능을 확장하면서 인류의 지식체계를 구축한다는 것이다.

디지털 기술은 문자의 지적 기술을 발전시키는 원동력이다. 문자는 디지털의 다양한 스크린에서 새로운 문자로 재탄생하고 있다. 스마트 폰, 디지털 광고, 실감 미디어, 파사드, VR 등을 활용한 스크린에서 디지털 문자를 만나고 있다. 우리는 일상 속에서 디지털 문자를 해석하거나 문자를 쓰는 상호작용 활동으로 문자의 지적 기술을 발전시키고 있다. 사람들이 디지털 문자를 터치하고 해석하는 것은 일상을 보내는 하루 생활 중에 나타나는 현상들이다.

디지털 문자의 사용은 하루의 일상을 관찰하고 분석하는 현장조사관찰법(ethnography)으로 분석이 가능하다. 마케팅 분야에서도 소비자의 하루 일상을 탐색하면서 소비 행동을 분석한다. 문자사용도 마찬가지이다. 우리는 잠자리에서 일어나, 다시 침대로 돌아가는 하루 중에 문자를 무의식적으로 사용하고 있다. 아침에 일어나 스마트 폰의 스크린에서 기사를 검색하면서 하루를 시작한다. 날씨, 스포츠, 정치 등의 기사 내용을 보고, 더 많은 정보를 얻기 위해 검색 키워드로 문자 쓰기를 실천한다. 검색창에 문자를 쓰는 행위는 정보와 지식을 탐색하는 사용자의 결핍을 충족하기 위한 실천이다. 그리고 카카오 톡으로 주고받는 문자 쓰기로 친구와 소통하거나 업무를 보는 일을 하면서 하루를 보낸다. 카카오 톡의 문자 쓰기는 소통을 위한 사회구성원들의 집단적 습관으로 자리 잡았다. 우리는 언제 어디에서, 어느 순간에도 친구들과 실시간으로 대화하고 소통하는 문자 쓰기를 실천하고 있다.

실제로 지적 기술인 문자가 디지털 기술의 개입으로 다양한 스크린에서 디지털 문자로 등장하고 있다. 디지털 문자는 박물관, 미술관, 백화점, 대형 상가 등에 배치된 키오스크의 스크린에서 다양한 정보를 제공하는 디지털 문자로 기능하고 있다. 사람들은 촉각인 터치를 통하여, 다양한 정보를 탐색하고 있다. 디지털 문자는 쓰기 행위를 요구하지는 않는다. 쓰기의 행위는 터치의 촉각 활동으로 전환되었다.

미디어와 새로운 플랫폼의 등장은 우리의 감각을 확장시키고, 상호작용 활동에 변화를 요구하고 있다. 디지털 스크린은 쓰기 행위보다는 터치를 매개로 다양한 정보를 제공하고 있다. 필기도구를 활용하여 다양한 문자 쓰기를 실천했던 기억은 손가락의 촉각으로 터치하는 행위에 자리를 양보하고 있다.

또한 새로운 미디어는 사람들의 라이프 스타일과 도시 풍경에 변화를 준다. 실제로 스마트 폰과 SNS 플랫폼이 등장하면서 사람들의 제스처와 도시 풍경이 변화고 있다. 지하철에서 스마트 폰에 집중하는 사람들을 바라보면 미디어가 도시 풍경을 바꾸고, 감각적 활동에 변화를 주고 있음을 확인할 수 있다. 지하철에서 사람들이 무의식적으로 보여주는 행동은 우리가 새로운 미디어와 플랫폼에 조종당하고, 새로운 환경에 몰입하고 있음을 보여주고 있다. 무료한 시간을 보내기 위해 게임을 하거나, 동영상을 보고, 카카오 톡을 하는 사람들이 미디어가 만드는 새로운 도시 풍경을 조성하고 있다. 흥미로운 점은 촉각의 터치행위이다. 문자 쓰기의 촉각이 아니라, 문자 터치의 촉각이다. 사람들은 디지털 스크린의 자판기를 누르면서 새로운 쓰기 행위에 참여한다.

문자를 터치하는 행위를 통해 다양한 정보와 지식을 획득할
수 있는 새로운 미디어 풍경이 조성되고 있다. 언어기반의 언어
중심주의 세계관을 거부하며, 문자기반의 새로운 세계관을 제안
한 데리다의 문자 쓰기는 손가락의 터치로 선택하는 디지털 문
자로 빠르게 진화하고 있다.

2장

디지털 문자의 의미작용

1. 디지털 스크린과 문자

문자를 쓰는 행위는 동물과 구분하는 인간 고유의 상
징적 활동이다. 문자는 사회 구성원들의 암묵적인 약속으로 창
조된 문자기호이다. 인간의 상징적 활동인 문자를 기호로 접근
하는 기호학자들은 문자를 기록하고 저장하는 매체에 따라 문자
가 물질성을 획득한다고 주장한다.[1] 문자의 물질성은 평면적인
문자를 입체적으로 만들고 있다. 인류 최초의 문자인 쐐기문자
는 점토라는 물질성을 갖게 되었고, 중국 한자의 시원인 갑골문
은 동물의 뼈를 물질성으로 부여받았다.

오늘날의 문자는 디지털 스크린의 물질성을 갖게 되었다. 디
지털 스크린은 사람과 사물의 인터페이스를 구성하면서, 문자의
기능인 기록과 소통의 기능을 수행하고 있다. 디지털 스크린은
우리가 24시간 소통하는 SMS 문자의 디지털 자판기이다. 우리
는 스마트폰의 SMS 문자로 글을 쓰면서 디지털 스크린을 통해
소통하고 있다. 문자의 상징성과 물질성의 조합이 디지털 스크
린에서 일어나고 있다. 디지털 스크린의 물질성과 문자의 상징

1 　백승국(2016),『문자기호학과 인터랙티브 콘텐츠』, 기호학 연구.

은 디지털 문자로 재탄생되고 있다.

　최근 디지털 사이니지(digital signage)의 영역이 확장되면서 다양한 디지털 영상 스크린이 등장하고 있다. 디지털 사이니지는 기업, 관공서, 공항, 박물관, 병원, 백화점 등의 공공장소에 디지털 영상 스크린을 설치하여 다양한 전자정보를 전달하는 콘텐츠 영역을 지칭한다. 디지털 사이니지는 건물의 광고 게시판, 옥외광고 등에 설치된 디지털 영상 스크린에서 정보와 메시지를 전달하고 있다. 영상 스크린을 구성하는 콘텐츠는 디지털 문자와 이미지이다. 시각적 이미지는 다양한 의미를 생성한다. 이미지의 의미를 고정시키는 것이, 문자의 고정기능이다. 스크린의 물질성을 부여받으며 이미지의 의미를 고정시키고 생성하는 기능을 하는 것이 디지털 문자이다.

　그리고 문자의 정체성을 만드는 것이 물질성이다. 동일한 문자를 종이와 도자기에 쓰는 것과 디지털 스크린에 쓰는 행위와 느낌은 다르다. 특히 문자를 해독하는 수신자 관점에서 물질성은 문자가 담고 있는 함축적 의미를 해독하는데 중요한 역할을 한다. 디지털 영상 스크린에 배치된 문자를 터치하면서 기업이 제안하는 제품의 정보와 이벤트 등을 탐색하게 된다. 종이, 나무, 돌 등의 물질성과는 다른 영상 스크린의 물질성을 부여받은 디지털 문자가 사람들의 감각과 인식의 변화를 요구하고 있다.

　미디어 생태학자 월터 옹은 문자 쓰기의 행위가 우리의 사고를 재구조화하는 기술이라고 했다.[2] 중세시대 수사학을 연구하고, 쓰기와 인쇄술이 인류 문명에 미친 영향력을 연구했던 월터 옹은 쓰는 행위 자체가 사고를 재구조화하는 행위라고 한다. 시각적 문자가 사색을 유도하고, 지식과 정보를 저장하는 인지기능을 작동시키고 있다는 것이다. 우리가 문자를 쓰는 순간, 문자는 시각적 표상이 된다. 문자가 시각적 이미지로 지각된다는 것이다. 또한 문자를 쓰는 순간 우리의 생각과 사고가 작동하는 정신적 활동이 진행된다. 이것은 문자가 사고하고 인지하는 도구로 작동한다는 것이다.

　잭 구디의 지적 기술과 월터 옹이 주장하는 사고의 재구조화 개념에는 공통점이 있다. 바로 문자의 인지기능을 강조하고 있다는 것이다. 문자의 기능을 소통의 기능으로 제한적으로 접근하는 것이 아니라, 문자가 생각하고 사유하는 인지적 도구임을 보여주는 개념이다. 오랫동안 우리는 언어가 사고를 지배하고, 언어가 인지구조를 결정한다는 언어중심의 개념에 사로잡혀 있

2　월터 옹, 이동후 역(2018), 월터 옹, 커뮤니케이션북스.

었다. 문자가 언어와 마찬가지로 생각의 도구로 인지기능을 수행하고 있다는 것을 간과했다.

문자의 인지기능 중에 하나는 문자가 우리의 사고를 조종한다는 것이다. 실제로 문자는 우리를 생각하게 만들고, 행동하게 만드는 사고를 조종하고 있다. 예컨대 공항에서는 디지털 스크린이나 간판에 배치된 픽토그램과 문자로 정보를 제공하고 있다. 비행기 탑승을 기다리는 동안 우리는 이미지와 문자의 조종을 받는다. 탑승구, 면세점, 휴식, 음식점 등의 장소로 이동하거나, 어디로 갈지 장소를 선택하는 순간에 문자가 개입하여 조종한다.

문자의 개입으로 조종당하는 행동은 한순간에 이루어지는 무의식적 행위이다. 우리의 사고와 판단에 문자가 개입하여 조종하고 있다는 인식을 하지 못한다. 부지불식중에 문자가 개입하여 우리의 판단과 행동을 조종하고 있다. 인공지능 시대는 자동화의 시대이다. 알고리즘의 모델로 작동하는 자동화된 시대가 인공지능의 시대이다. 인공지능 시대에 디지털 문자는 우리의 판단과 행동에 자동으로 개입할 것이다. 사람들의 취향과 선호도를 빅 데이터 기반 알고리즘 시스템으로 구조화하여 문자를 매개로 선택을 하는 자동화된 사회가 도래할 것이다.

2. 디지털 문자의 의미작용

분석철학자 비트겐슈타인은 사람들의 일상 속 소통에 관심을 가진 언어철학자이다. 그는 일상 속 소통이 언어게임으로 이루어진다고 제안했다. 일상 속 언어놀이를 통해 소통하고 정보를 얻는다는 개념이다.[3] 실제로 우리는 사회문화적 맥락 속에서 언어놀이를 통해 언어의 의미를 파악하고 소통한다. 그렇다면 언어놀이의 개념을 문자놀이의 개념에 적용할 수 있다. 오늘날 우리는 다양한 스크린에 배치된 문자를 해석하고 쓰면서 소통하는 문자놀이를 하고 있다.

스크린에 배치된 디지털 문자를 읽고 해석하는 행위는 문자의 의미를 파악하는 의미작용 활동이다. 기호의 의미를 해독하고 탐색하는 인지적 활동이 의미작용이다. 문자기호는 언어기호와 시각기호와 달리 독특한 의미작용을 요구한다. 문자기호는 도상성과 상징성, 그리고 물질성을 함축하고 있는 기호이기 때문이다. 우리는 문자를 접하는 순간 문자의 형태에서 출발하여 의미가 무엇인지 의미작용을 작동하게 된다. 예컨대 자동차의

---

3   로이 헤리스, 고석주(1999), 소쉬르와 비트겐슈타인의 언어, 보고사.

내비게이션에 목적지를 쓰고, 위치를 선택하여 운전을 하는 행동도 문자놀이이다. 스마트폰의 카카오 톡을 열고 친구와 안부를 전하고 만남을 정하는 메시지 교환도 문자놀이에 해당한다.

기호학적 관점에서 문자놀이는 주어진 상황 속에서 문자를 주고받는 소통을 넘어, 문자의 의미를 해석하는 의미작용이다. 디지털 영상 스크린을 오픈하는 것이 의미작용의 시작이다. 디지털 문자를 선택적으로 터치하고, 스크린에 뜬 문자를 읽는 독서 활동이 의미작용이다. 스크린에 문자를 쓰고 읽는 행위가 문자기호 의미를 사유하고 해독하기 위한 인지적 활동인 것이다.

문자는 기표와 기의의 조합으로 구성된 상징기호이다. 문자기호의 기표는 시각적 요소이다. 문자의 형태, 자형, 모양새를 구성하는 시각적 요소가 기표이다. 기의는 기표가 지시하는 명시적 의미이다. 예컨대 알파벳 문화권에서 바람을 의미하는 단어는 wind이고, 한자문화권은 바람 풍(風), 한글로는 바람이다. 문자기호 바람은 문화권에 따라 기표가 각기 다르다. 각기 다른 문자를 사용하는 사회구성원들의 자의성으로 정한 시각적 코드이다. 문자미학 차원에서 기표는 문자의 아름다움과 예술성을 시각화하고, 사람들의 감각을 자극하면서 미학적 감흥을 전달한다.

문자기호의 기의는 두 가지 차원에서 작동한다. 하나는 기표가 전달하는 즉각적이고 명시적으로 전달되는 사전적 의미이다. 기표인 문자의 형태를 보자마자 즉각적으로 연상되는 일차적 의미이다. 예컨대 서울역의 디지털 광고 스크린에서 농심의 신(辛)라면 광고를 본 소비자가 즉각적으로 수행하는 의미작용을 관찰해보자. 광고를 본 소비자는 일차적으로 한자 매울 신(辛)의 사전적 뜻을 연상한다. 두 번째는 신(辛)라면의 문자를 포착한 소비자의 기억과 맥락 정보가 개입하여 생성되는 함축적 의미이다. 광고 영상에 등장하는 배우의 이미지와 제스처, '사나이 울리는 농심 신라면'이라는 광고 문구는 소비자에게 맵고 강한 신라면의 이미지를 각인시킨다. 광고는 '매운 음식에 강한 한국인이라면, 사나이라면, 매운 신라면을 먹는다'는 함축적 메시지를 전달한다. 소비자에게 정박된 신라면에 대한 이미지는 소비자가 신라면을 구매하고 먹는 순간에 반영되어 함축적 의미를 지닌다. 즉, 신라면이 단순히 식욕을 채우는 음식이 아니라 매운 음식에 강한 사나이라면 꼭 먹어야하는, 매운맛을 사랑하는 한국인에게 친근한 음식이라는 상징적 의미를 갖는다.

   이처럼 광고에서 배치된 문자기호는 이미지의 다양한 의미를 고정시키는 정박 기능을 수행하고 있다. 배가 항구에 닻을 내리고 운행을 정지하는 의미를 가지고 있는 정박은 이미지가 전달하는 의미를 고정시키는 문자의 기능을 은유적으로 표현하고 있다. 광고에 배치된 이미지와 문자의 상호작용에서 문자의 중계 기능을 설명한 롤랑 바르트가 제안한 개념이다.[4] 바르트는 수사학의 이미지에서 이탈리아 판자니 지면광고의 도상적 메시지의 의미를 고정시키는 것이 문자의 정박 기능이라고 했다.

3. 디지털 문자의 인지기능

문자는 도상과 상징의 상호작용 속에서 진화하였다. 그림문자, 표의문자, 표음문자 등으로 문자를 분류하는 범주화에는 도상과 상징이 작동하고 있다. 문자가 등장하면서 인간의 의미작용은 시작되었다. 사람들이 문자를 해독하는 해석자가 되어, 의미를 탐색하고 사색하는 힘을 갖게 된 것이다. 문자의 기능에는 문자를 의미를 부여하는 해석자의 의미작용과 문자의 형상과 의미를 기억하고 저장하는 인지기능이 작동하고 있다. 즉 문자의 의미를 해석하는 의미작용을 넘어, 문자가 기억되고 저장

---

4   Roland Barthes(1994), The Semiotic challenges, Berkeley : University of California Press.

되는 인지기능을 수행하고 있다.[5]

문자의 인지기능에서는 문자의 도상과 상징 시스템이 작동하고 있다. 인지심리학 관점에서 문자의 형상을 식별하고 구분하는 뇌의 활동을 범주화라고 한다. 예컨대 알파벳 문자와 한자 그리고 한글의 시각적 형상을 구분할 수 있는 것은 범주화의 인지기능이 작동한 것이다. 문자를 지각하는 순간 문자를 구분할 수 있는 것은 문자의 자형과 형태를 비교하고 식별하는 문자의 범주화 과정이 이루어졌기 때문이다.

문자의 인지기능은 인지과학에서 제안하는 문자 상자에 저장된 의미망과 연관성이 있다. 시각적 이미지의 형상을 식별하는 대뇌피질의 시각적 신경세포가 작동하여 문자의 형상을 범주화하고, 문자 상자의 의미와 연결되면서 의미를 부여하는 인지기능이 작동하는 것이다. 문자의 인지기능은 감각, 감성, 기억이 통합적으로 작동하는 정신적 활동이다. 문자를 읽고, 쓰면서 저장하고 기억하는 인지적 활동이다.

반면에 디지털 문자의 인지기능은 디지털 영상 스크린에서 작동하는 해석자의 공감각적 활동이다. 디지털 영상 스크린은

---

5   심현주(2021), 이중 언어 한자브랜드의 인지기능에 관한 고찰-프랑스 기업 브랜드를 중심으로-, 한국프랑스학회.

시각뿐 아니라, 문자의 터치를 통해 의미를 부여하고 기억하는 공감각이 작동하는 영역이다. 스크린은 시각과 촉각의 공감각적 활동을 통해 기억에 저장된 문자의 의미를 생성하고 연상시키는 인지적 활동을 역동화시키고 있다. 스마트폰의 플랫폼인 페이스북, 인스타그램, 카카오 톡 등에서 주고받는 디지털 문자가 우리의 공감각적 활동을 더욱 더 활성화시키고 있다.

제2부

디지털 한자기호와 해석모델

1장

한자기호의 도상과 인지기능

1. 도상과 상징의 한자기호

한자는 도상과 상징으로 중첩된 문자기호이다. 동아
시아 한자문화권 사람들의 소통 도구인 한자는 시각적 요소를
담고 있는 기호이고, 한자의 의미를 생성하고 각인시키는 인지
적 도구이다. 한자기호의 문자적 가치를 설명하는 두 가지 키워
드가 도상과 상징이다. 한자는 갑골문의 도상에서 의미가 중첩
된 상징기호로 진화하였다.

분석심리학자 칼 구스타브 융은 시공간을 초월하여 사회구성
원들의 무의식 속에 자리 잡고 있는 원형의 이미지가 존재한다
고 제안했다. 융은 개인의 무의식적 개념에 과도하게 집착한 프
로이드와는 반대로 사회구성원들의 집단 무의식에 작동하고 있
는 원형의 개념을 제안하였다. 융의 원형 개념은 문자 연구에도
적용이 가능하다. 문자는 사회구성원들의 암묵적 동의와 약속으
로 작동하는 소통의 코드이기 때문이다. 집단 구성원의 무의식
속에 자리 잡고 있는 강력한 소통의 코드이다.

한자기호도 한자문화권 사람들의 집단 무의식에 원형으로 작
동하는 문자기호이다. 사물의 닮음과 유사성의 도상적 모티프를
차용한 그림문자로 출발한 갑골문의 원형을 한자문화권 사람들

이 공유하고 있다. 한자기호를 학습했거나 접한 사람들에게 융의 원형 개념이 작동하고 있다는 것이다.[1]

문자학 차원에서 한자기호의 접근은 갑골문의 원형을 벗어날 수가 없다. 갑골문의 원형에는 3,200만 년 전 상나라 시대 사람들이 세상을 어떻게 바라봤는지, 그들의 세계관이 투영되어 있다. 자연과 하늘의 거대한 힘을 예측하기 힘든 당시 사람들에게 갑골문은 하루를 예측하고 행동하게 만든 그림문자였다. 예컨대 사냥을 나갈 것인지, 집에 머무를 것이지 선택의 기로에서 갑골문은 행동을 유도하는 기능을 수행했다. 또한 변화무쌍한 하루의 날씨를 예측하여 심리적 안정감을 주었던 것도 갑골문의 역할이었다.

갑골문이 세상에 존재하는 사물과 사람의 행동을 형상화한 그림문자라는 것은 누구나 인정하는 사실이다. 또한 알파벳 문자와는 달리 도상성이 강하게 작동하는 문자라는 것이다. 여기서 도상성은 시각화된 문자를 보고 즉각적으로 대상을 식별하고 인식하는 정신적 활동을 의미한다.

기호의 유형을 도상, 지표, 상징으로 구분한 퍼스(Peirce) 기호

---

1   심현주(2020), 한자의 역사, 『문자기호 한자의 도상성과 인지적 기능』 역락.

학에서 도상은 중요한 개념이다. 그는 자연과 문화로 구성된 세상의 만물을 기호로 유형화하고 범주화하는 꿈을 가지고 있었다. 그래서 세상에 존재하는 사물과 유사성이 있는 유형의 기호를 도상이라고 규정했다. 갑골문은 사물, 동물, 인간의 특징을 모티프로 선택하여 점, 선, 삐침 등으로 문자를 만든 것으로, 도상의 개념이 작동하고 있다.

  세상을 기호로 유형화하고, 범주화하는 퍼스 기호학의 개념이 갑골문의 한자기호를 분석하는데 효용성이 있다. 퍼스는 세상을 대상체의 영역으로 규정했다. 자연과 문화로 구성된 세상에 존재하는 만물을 대상으로 구분했다. 그리고 자연과 문화의 대상을 지칭하는 기호체의 개념을 제안했다. 기호체는 인간의 상징적 활동으로 자의적으로 만들어진 기호들이다. 인간과 인간 그리고 인간과 기계와의 소통을 매개하고, 연결시키는 언어, 문자, 이미지 등이 해당된다. 퍼스는 대상을 기호로 표상하고 의미를 부여하는 영역을 해석체라고 규정했다. 해석체는 인지적 활동이 작동하는 영역이다.[2] 의미론 차원의 의미망이 작동하는 영역으로 대상을 보고 기호로 표현하면서 의미를 부여하는 인지적

───────

2 조창연(2014), 기호학과 뇌인지과학의 커뮤니케이션, 커뮤니케이션 북스.

활동이 작동하는 영역이다.

퍼스(Peirce)의 이론을 적용하면, 갑골문은 한자기호로 세상의
만물을 재현하고, 상징화한 것이다. 가령 마을을 둘러싸고 있는
산은 대상이고, 산의 도상적 모티프을 차용한 기호는 뫼 산(山)
이다. 한자기호 뫼 산(山)을 지각한 사람들은 산의 다양한 모습을
생각하면서 산의 의미를 생성하는 해석체의 의미작용 활동을 수
행하면서 한자의 인지기능을 실천하는 것이다.

2. 한자기호의 도상 기억술(記憶術)

종이에 배치된 한자기호의 해석과정은 책장을 넘기면
서 눈으로 한자기호를 읽고 해석하는 독서활동이다. 아날로그의
물질성을 부여받은 한자기호의 해석과정은 시각으로 지각한 한
자기호의 부수를 해체하면서 의미를 탐색하고 해석하는 인지적
활동을 하게 된다. 디지털 영상 스크린에 배치된 디지털 한자를
해독하는 과정도 유사하게 진행된다. 디지털 스크린의 물질성을
부여받은 한자기호의 해석과정도 시각을 매개로 지각과 해석의
인지적 활동을 수행하게 된다.

한자기호를 읽고 해석하는 과정은 학제적 차원의 접근이 필요하다. 한자기호의 해석과정은 형태론, 의미론, 기호학, 인지 과학 등의 학제적 개념으로 설명이 가능하기 때문이다. 형태론은 한자기호의 모양새, 자형, 형상을 중심으로 부수를 식별하고 유형화할 수 있다. 의미론은 부수의 형상이 의미망과 연결되는 과정을 추론할 수 있다. 각각의 부수가 담고 있는 자형인 형상은 갑골문의 원형과 연결되면서 의미망과 연결되어 있다. 기호학은 한자기호의 도상과 상징에서 작동하는 의미작용 논리를 추론할 수 있다. 또한 인지과학은 우리의 뇌에서 발생하는 독서과정을 과학적으로 설명할 수 있다.

따라서 디지털 영상 스크린에 배치된 한자기호를 지각하고 해석하는 인지기능에 관한 접근이 필요하다. 종이에서 읽는 한자가 아니라, 디지털 영상에서 읽고 해석하는 디지털 한자의 영역이 확장되고 있다. 인지기능 차원에서 영상 스크린에서 한자를 읽는다는 행위와 종이 위에 쓰여진 한자를 읽는 행위를 구별해야 한다. 특히 디지털 한자는 사각형의 단자에 배치된 부수들의 조합으로 시각화된 하나의 이미지로 인지되는 가독성이 탁월한 문자이기 때문이다.

알파벳 문자와는 달리 한자기호는 시각화된 문자 이미지로서

소구되고 있다. 특히 기업의 광고홍보 분야에 적용되고 있는 한
자기호는 가시성이 강하게 작동하는 시각화된 문자로 인식되고
있다. 그 이유는 한자기호가 도상과 상징이 작동하는 시각화된
문자이기 때문이다.

따라서 한자기호의 해석과정은 미술사, 도상해석학, 디자인
분야에서 시각적 이미지를 지각하고 인지하는 과정을 분석한 접
근방법론을 차용할 필요가 있다. 이미지를 감상하고 의미를 부
여하는 과정을 접근한 수용미학의 개념을 탐색하는 것이다. 시
각적 이미지를 감상하고 의미를 부여하는 미학적 활동이 한자기
호를 시각적 이미지로 간주하면서 바라보는 과정과 유사하다는
전제 조건에서 접근하는 것이다.

이미지의 수용미학은 시각적 이미지를 구성하는 도상과 조형
적 요소에 의미를 부여하는 해석 활동이다. 한자기호는 시각적
이미지와는 달리 의미를 전제하고 함축하고 있다. 그래서 도상
과 의미가 연상되는 인지과정의 접근이 더 중요하다. 문자인 한
자기호가 사전적 의미와 함축적 의미가 어떻게 연상되는지 규명
하는 접근이 필요하다.

시각화된 한자기호를 포착하고, 의미를 부여하는 인지적 과
정은 무의식적으로 한순간에 이루어진다. 한자기호에 의미를 부

여하는 인지과정은 감각의 움직임과 뇌의 정신적 활동으로 이루
어진다. 문자를 읽고 의미를 부여하는 텍스트의 독서 활동을 연
구하는 인지과학자들은 감각의 기능과 인지기능의 논리적 연관
성을 탐색하기 위해 뇌 세포의 움직임을 사례로 논리를 전개하
고 있다.

  프랑스의 인지과학자 겸 뇌 과학자 스타니슬라 데하엔(Stanislas
Dehaene)은 독서와 해석의 인지적 활동을 과학적으로 접근하고
있다. 그는 텍스트를 이해하고 해석하는 과정이 문자를 지각하
고 인지하는 과정이라고 주장한다. 또한 시각적 이미지를 포착
하는 대뇌피질의 영역에서 문자의 형태를 식별하고, 의미망으로
연결되는 신경세포의 움직임으로 뇌 활동이 활성화된다고 주장
하고 있다.[3] 시각 이미지에 의미를 부여하는 수용미학의 정신적
활동은 시각적 이미지를 지각하고 인식한 신경세포가 이미지를
연상시키는 의미망과 연결되는 것이다. 또한 문자의 시각적 패
턴을 구분하고, 문자의 의미를 담고 있는 문자 상자의 의미망으
로 연결된다는 것이다.

  어휘론에서는 한 사람의 문자 상자(character box)에는 3만에서 5

---

3 Stanislas Dehaene(2019), How We Learn: Why Brains Learn Better
Than Any Machine, Material.

만개의 어휘가 저장되어 있다고 한다. 뇌 과학에서는 문자 해석의 인지과정이 텍스트를 읽는 지적활동으로 확장된다고 주장한다. 우리의 독서활동은 3만에서 5만개의 어휘가 작동하여 이루어지는 인지적 활동인 것이다. 또한 인지과학의 인지과정은 기호학의 의미작용 과정과 유사한 접근이다. 의미작용은 정신적 활동으로 표층구조에서 지각된 시각화 문자의 도상과 조형을 식별하고, 심층구조의 의미망과 연결시켜 의미를 생성하는 과정이기 때문이다.

또한, 형태론과 기호학에서 전개한 개념의 명시적 의미와 함축적 의미와도 일맥상통하는 접근 방법이다. 광고와 잡지의 시각적 이미지를 기호학적 관점에서 접근한 롤랑 바르트의 개념이기도 하다. 그는 이미지의 의미가 명시적 의미와 함축적 의미로 의미작용이 이루어진다고 하였다. 명시적 의미는 1차적인 의미작용으로 즉각적으로 포착되는 사전적 의미이다. 함축적 의미는 개인의 맥락정보가 개입되는 상징적 의미이다. 이러한 개념들을 한자기호의 해석모델에 적용할 수 있다.

한자기호를 지각한 해석자는 사각형 한자에 배치된 부수의 시각적 패턴을 식별하고 범주화하는 과정을 거쳐, 문자 상자인 의미망에 연결시키면서 한자기호의 명시적 의미와 함축적 의미

를 해독하게 된다. 한자기호의 시각적 패턴은 점과 선으로 구성
된 부수의 형태와 자형이 일정한 패턴을 가지고 있다는 것이다.

부수의 패턴은 중국 후한의 허신이 만든 214개이고, 이것은
좌우상하의 일정한 쓰기 유형을 가지고 있다. 214개의 부수는 한
자기호의 형태와 모양새를 결정하고, 의미망과 연결시키는 매개
기능을 하고 있다. 한자기호의 원형이 214개 부수이고, 이것은
갑골문의 어원과 연관이 있으며, 한자기호의 도상과 상징적 의
미를 생성하는 원천이고 시각적 패턴의 원형인 것이다.

3. 한자기호의 해석모델

한자기호의 의미를 해석하는 해석자의 지각인지 행로
를 탐색하는 과정에 도상해석학, 기호학, 인지심리학의 개념이
관통하고 있다. 한자기호의 해석모델은 3단계의 지각과 인지과
정을 거치면서 의미가 생성되고 인지된다. 해석모델은 한자기호
를 인식하고 저장하는 기억 역량과 밀접한 관계가 있다. 인간의
기억시스템을 제안한 심리학자 엔델 튤빙(Endel Tulving)의 개념을

한자기호의 해석모델에 적용할 수 있다.[4]

첫 번째 단계는 시각과 촉각을 매개로 디지털 스크린에서 지각되는 한자기호의 형상이다. 디지털 문자로 시각화된 한자기호의 시각적 패턴을 즉각적으로 인식하는 단계이다. 정형화된 부수가 해체되면서 한자기호의 명시적 의미와 연결되는 매개 기능을 수행하는 과정이다. 두 번째 단계는 한자기호의 사전적 의미인 명시적 의미가 생성되는 과정이다. 한자기호의 시각적 패턴에서 부수의 자형과 형태가 각기 해체되면서 해석자는 한자기호의 사전적 의미를 연상하게 된다. 시각적 패턴과 명시적 의미는 엔델 튤빙이 제안한 지각표상기억과 의미론적 기억이 작동하고 있다.

지각표상기억은 214개 부수가 지칭하는 도상과 연관성이 있다. 각각의 부수는 세상에 존재하는 사물의 닮음과 유사성을 모방하여 만든 상형문자이다. 지각표상기억은 사물이나 이미지의 정체성을 즉각적으로 식별하고 구별할 수 있는 기억 시스템이다. 갑골문의 문자적 시원을 가지고 있는 214개의 부수는 사람, 동물, 자연, 사물 등의 도상적 모티프를 표상하고 있다. 부수를 지각하는 순간 우리의 뇌에서는 만물의 정체성을 연상하면서 부수의 시

———— 4 로버트 스텐버그, 카린 스텐버그, 신현정(2016), 인지심리학, 박학사.

각적 패턴을 식별하고 구분하는 지각표상기억이 작동되는 것이
다. 그리고 지각표상기억은 의미론적 기억과 자동으로 연결되는
것이다.

두 번째 인지과정은 한자기호의 부수가 의미론적 기호와 연
결되는 과정이다. 한자기호의 시각적 패턴인 형태를 포착하면서
자연스럽게 사전적 의미를 연상하는 의미론적 기억으로 연결되
기 때문이다. 사전적 의미는 사회구성원들이 공유하고 공감하는
명시적 의미이다. 즉 한자기호를 지각하는 순간 즉각적으로 연
상되는 의미망이 작동하는 의미론적 기억과 연관이 있다. 예컨
대 신선 선(仙)의 한자기호를 지각한 해석자는 사람 인(人)과 뫼
산(山)의 부수 조합의 시각적 패턴을 식별하고, 사람과 자연의 도
상성을 인식하면서 신선 선(仙)의 사전적 의미인 신선의 이미지
를 연상하게 된다.

세 번째 인지과정은 개인의 경험과 맥락정보가 개입하여 생
성되는 함축적 의미로 일화적 기억과 상관성이 있다. 1차 의미작
용인 명시적 의미를 넘어, 자신이 경험이 개입하여 생성되는 2차
의미작용이 발생하는 인지영역이다. 일화적 기억은 장소와 시간
그리고 사건이 소환되는 인지적 기억이다. 순간에 부수가 해체
되어 연상되는 사전적 의미가 아니라, 개인의 경험들이 쌓여서

저장된 추억들이 소환되어 생성되는 의미들이다. 예컨대 신선
선(仙)의 명시적 의미는 신선의 이미지를 연상시키는 것이었다.
반면에 함축적 의미는 도교의 철학을 실천하는 경험을 했거나,
도교에서 이야기하는 신선을 연상하거나, 신선의 자연주의 경험
을 연상하면서 생성되는 의미들이다.

한자기호의 해석과 인지과정에서 중요한 키워드는 한자기호
의 도상과 상징이다. 갑골문의 상형문자에서 출발한 한자는 사
람들의 기억 시스템에서 도상이 강하게 작동하는 문자이다. 도
상이 강한 한자기호는 가시성과 가독성이 탁월한 문자이다. 도
상과 함께 연상의미가 무의식적으로 작동하는 상징성이 강한 문
자이다. 인지과정 차원에서 한자기호는 시각화된 아이콘으로 지각
되는 순간에 명시적 의미와 함축적 의미가 작동하는 문자기호이다.

한자기호의 해석모델은 학제적 관점이 개입한 융합 모델이
다. 이미지를 포착하고 이미지의 의미를 부여하는 수용 미학차
원의 개념과 이론을 차용한 융합 모델이다. 첫째 벨기에 리에쥬
대학교의 그룹 뮤(Group Mu)가 제안한 이미지 해석 개념을 적용
하였다. 그들은 이미지를 언어와 문자로 규정하고 이미지를 수
사학적 문법으로 분석하였다. 그리고 시각기호학 관점에서 이미
지의 지각인지모델을 제안했다. 이미지의 도상과 조형적 요소가

사람들의 지각과정에서 이루어지는 의미작용 과정을 보여주는 모델이다.[5] 두번째는 문자의 형태 기능을 연구하는 형태론에서 문자의 시각적 요소인 형태를 구분하고 의미를 부여하는 지시의 (denotation, 指示意)와 함축의(connotation, 含蓄意) 개념을 차용하여 적용하였다.

　한자기호의 해석모델은 형태론, 기호학, 인지심리학 등의 개념과 논리를 융합하여, 한자기호의 속성인 도상과 상징의 인지 기능을 시각화한 모델이다.[6]

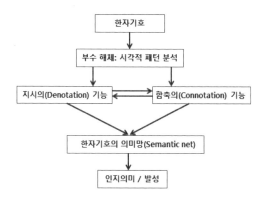

[표 1] 한자기호의 해석모델

5　심현주(2020), 이미지텔링의 시각 기호학적 연구, 인하대학교.

6　Shim, HyounJoo(2021), Study of Cognitive Function of Chinese Characters Based on Semiotics of Writing, Journal of Chinese Writing System.

　한자기호를 지각한 해석자의 인지과정은 순식간에 무의식적
으로 이루어지는 정신적 활동이다. 언어학자들은 한자기호를 지
각하는 순간 1초에 3~5개의 키워드를 연상한다고 한다. 한자기
호의 해석모델은 한자기호의 시각적 패턴을 식별하고, 연상의미
를 소환시키며 인지적 차원의 의미작용을 시각적으로 보여주는
모델이다. 한자기호의 해석모델의 유용성과 효용성은 시각화된
한자기호의 의미를 부여하는 영역의 분석모델로 활용할 수 있다.

　구체적으로 시각화된 한자를 활용하는 SNS 광고홍보와 한자
교육콘텐츠를 기획하는 과정에서 한자기호의 지각과 인지과정
을 논리적으로 설명하는데 도움을 주는 모델이다. 예컨대 프랑
스에서 중국의 유기농 차를 유통시키는 데 드라 파고드(Thé de la
pagode) 기업의 로고는 한자기호 차 차(茶)의 의미를 연상시키는
한자기호의 해석모델이 작동하고 있다. 한자기호 차 차(茶)는 풀
초(艹), 사람 인(人), 나무 목(木)의 부수로 구성되었다. 드라 파고
드의 차를 소비하는 사람들은 지시의 기능에서 한자기호의 부수
를 해체하면서, 운남 지역에서 생산되는 차의 유래와 맛을 연상
하는 함축의 기능이 작동하면서 브랜드 의미를 부여하고 있다.[7]

─────

7　심현주(2021), 이중 언어 한자브랜드의 인지기능에 관한 고찰-프랑스
기업 브랜드를 중심으로-, 한국프랑스학회.

　중국인 9억 명이 사용하고 있다는 알리페이가 2015년 새로운 로고를 런칭했다. 한자기호 지탱할 지(支)를 중심으로 브랜드 아이콘을 구축하고 있다. 알리페이는 한자기호의 의미망을 중심으로 기업의 정체성과 이미지를 만들고 있다. 지탱할 지(支)는 열 십(十)자와 또 우(又)가 결합하는 한자로 열 십(十)자는 수치와 상관없이 나뭇가지를 의미하고 있다. 그리고 로고의 슬로건은 지부보(支付宝)이다. 사람에게 보물, 물건을 건네주는 것을 지탱하고 유지하는 기업의 모바일 간편 서비스란 함축적 의미를 내포하고 있다.[8]

8　심현주(2020), 한자의 역사, 『문자기호 한자의 도상성과 인지적 기능』, 역락.

2장

디지털 한자기호와
스크린

1. 디지털 한자기호의 조종과 어포던스
(affordance)

알파벳 문자와 달리 도상성이 강한 한자기호는 디지
털 스크린에서 사람들의 눈을 사로잡는 가시성과 가독성을 작동
시키고 있다. 컴퓨터, 스마트폰, 태블릿 등의 스크린에서 한자기
호는 디지털 문자의 조종 기능을 수행하고 있다. 우리가 매일 접
속하는 디지털 공간은 디지털 문자의 해석과 독서의 공간이다.
디지털 스크린의 공간은 해석의 공간과 동시에 행동의 공간이
다. 디지털 문자의 조합으로 구성된 텍스트를 읽고 해석하는 독
서의 공간이면서, 감각이 작동하여 행동을 유도하는 인지적 공간
이다.

디지털 문자를 해석하고 인지적 행동을 유도하는 하는 것이
문자의 조종 기능이다. 문자기호는 디지털 공간에 접속한 사용
자에게 디지털 텍스트를 적극적으로 해석하도록 유도하고 있다.
예컨대 구글, 네이버, 다음 등의 검색 플랫폼에서 기사를 검색하
는 사용자에게 페이지를 넘기고 새로운 내용을 탐색하도록 유도
하는 장치가 문자의 조종 기능이다. 디지털 기술을 장착한 디지
털 문자는 우선 기사의 제목을 터치하게 만들고, 한 페이지에서

다음 페이지로 넘기도록 흥미를 유도하고 있다. 기사를 검색하는 중간에 광고가 등장하여 구매 행동을 유도하기도 한다. 광고를 터치하고 구매를 유도하는 기능에 디지털 문자가 적극적으로 개입하고 있는 것이다.

디지털 문자의 조종 기능에는 인지심리학자 제임스 깁슨이 제안한 어포던스(affordance)의 개념이 작동하고 있다. 어포던스는 사람들에게 어떤 행동을 유도한다는 행위유발성이란 의미를 갖고 있다.[1] 중요한 것은 사람들의 행동을 유도하는 장치가 사물의 형태나 이미지라는 것이다. 스마트폰이나 컴퓨터의 디지털 공간에 배치된 아이콘이나 픽토그램이 사람들에게 터치를 유도하는 어포던스 장치이다. 예컨대 휴지통 아이콘은 파일이나 이미지를 버리는 행동을 유도하고 있다.

어포던스 장치로서 디지털 문자는 일상 속에 이루어지는 디지털 공간에서 사람들의 제스처와 행동을 유도한다. 이미지와 문자기호를 순차적으로 클릭하면서 자신들이 원하는 정보를 탐색하게 만들고 사람들의 제스처가 자연스럽게 이루어지도록 만든다. 문자기호는 정보 탐색과 해석의 제스처를 유도하는 문자

---

1   조수선 외(2019), 뉴미디어 뉴커뮤니케이션, 이화출판.

의 조종 기능을 수행한다. 문자기호가 독서의 기능을 넘어, 제품 구매와 콘텐츠 선택의 조종 기능까지도 수행하고 있다는 것이다.

요즘 게임, 어플리케이션, 네비게이션, 광고 영역에서 이미지와 문자기호의 배치를 통해 조종기능을 테스트하는 아이코노그래픽 분야가 새로운 직종으로 부상하고 있다. 아이코노그래픽은 게임에 등장하는 수많은 아이템, 캐릭터. 문자 등의 주목성과 가독성을 검증하는 영역이다. 게이머의 몰입을 유도하는 시각적 요소를 검증하는 분야이다. 게이머는 자신이 선호하는 캐릭터와 아이템을 선택하면서 게임 행로를 만들어간다. 또한 게임의 다양한 아이콘들은 문자기호와 연동되어 게이머들의 터치를 유도하면서 게임을 즐기도록 유도하고 있다.

또한 요즘 대형마켓의 식당가에는 디지털 메뉴로 주문하는 키오스크를 설치하는 곳이 늘어나고 있다. 디지털 기술의 자동화된 인공지능 도시로 진화하는 도시 공간의 새로운 모습이다. 키오스크에서도 문자의 조종과 어포던스 기능을 확인할 수 있다. 음식을 주문하는 사람들은 디지털 공간 스크린에 배치된 이미지와 문자기호의 조종을 받으면서 음식을 주문하게 된다. 예컨대 중국의 디지털 기술 기반 인공지능 산업을 선도하고 있는 경제특구도시 심천시의 맥도날드 매장에는 디지털 메뉴로 음식을 주문하는 시스템을 적용하고 있다.

맥도날드 햄버거를 주문하고 싶은 소비자는 키오스크의 디지털 메뉴 앞에서 이미지와 한자기호로 구성된 햄버거를 선택한다. 햄버거를 선택하기 위해 버튼을 클릭하는 제스처의 움직임은 이미지와 시각화된 한자기호의 조종에 의한 행동이다. 자신이 좋아하는 햄버거를 선택하도록 아이콘 클릭의 제스처를 유도하는 어포던스 기능이 작동하고 있다.

이미지만을 보고 햄버거의 정체성을 즉각적으로 파악하기는 쉽지 않다. 햄버거의 식재료를 가시적으로 보여주는 이미지에 햄버거의 정체성을 고정시키는 코드는 한자기호 햄버거(汉堡包)이다. 또한 불고기버거와 치즈버거의 정체성을 구분해주는 이미지의 변별성은 크지 않다. 이 순간에 한자기호 불고기버거(烤牛肉汉堡)와 치즈버거(吉士汉堡包)의 조종 기능이 소비자의 무의식적 선택에 개입하게 된다. 소비자의 햄버거 선택에 영향을 주는 것이 한자기호인 것이다.

인지심리학 차원에서 소비자가 햄버거를 주문하고 음식을 먹고, 공간을 나오는 순간까지의 과정은 하나의 인지적 스키마가 작동하고 있다. 인지적 스키마는 우리가 일상 속의 경험과 체험을 통해 형성되는 구조화된 행동 모델이다. 일상 속에서 이루어지는 사람들의 다양한 인지적 활동은 구조화된 스키마가 작동하기 때문에 가능한 것이다. 매장에서 주문하고 식사를 하고 맛을 음미하는 일련의 과정은 하나의 서사로 구조화된다. 우리의 뇌는 일련의 시리즈 행동으로 연결된 인지과정을 이야기로 기억하고 있다. 오프라인 장소에서 이루어지는 반복적인 행동으로 패턴화된 제스처는 하나의 시나리오로 기억 속에 저장되는 일화적 기억이다. 하나의 이야기로 구조화된 무의식적 행동을 서사적 스키마로 접근할 수 있다.

이것을 기호학에서는 내러티브 스키마(narrative schema) 즉, 서사도식이라고 지칭한다.[2] 서사도식은 이야기 기반의 인지적 활동을 논리적으로 분석하는 모델이다. 인지적 스키마, 서사도식, 일화적 기억을 관통하고 있는 접근 방법론이다. 맥도날드 매장에서 이루어지는 주문에서 음식의 평가 과정까지는 하나의 내러티브 스키마이다.

햄버거의 맛을 음미하기 위한 오프라인에서의 주문과 식사가 하나의 이야기로 우리 몸에 체화된 것이다. 이러한 경험과 체험은 일화적 기억으로 하나의 스토리로 저장된다. 하지만 주문

---

2 백승국 외(2015), 그레마스 서사도식의 스키마 이론 고찰-웰니스 콘텐츠 이용자의 인지행로 분석-, 기호학 연구.

하기의 방식이 디지털 기술의 개입으로 새로운 서사도식을 만들고 있다. 면대면의 구술로 진행된 주문방식이 디지털 문자의 터치로 대체되고 있다. 맥도날드의 오프라인 매장에 입장한 소비자는 키오스크의 디지털 메뉴에 배치된 이미지와 한자기호의 버튼을 클릭하는 순간 온라인 공간에 빠져들게 된다. 디지털 스크린에서 온라인 공간으로 유도하는 것은 이미지와 한자기호이다. 디지털 메뉴에서 주문을 한 순간 소비자의 인지적 활동은 햄버거의 맛의 기억과 한자기호의 의미가 순간적으로 연동되면서 선택적 주문이 이루어지는 것이다.

2. 한자기호와 SMS 문자

오늘날 우리는 디지털 문자 시대에 살아가고 있다. 영상 시대에 문자가 사라질 것이라는 언어학자의 예언이 무색할 정도로 SMS 기반의 디지털 문자 시대를 살고 있다. 오감의 접촉문화가 사라지고, 비대면의 사이버 문화가 가속화되면서 디지털 문자는 일상 속 소통과 인지기능에 변화를 주고 있다.

특히, 2000년대 정보기술과 함께 태어난 디지털 네이티브 세대인 Z세대는 TV와 컴퓨터보다는 스마트 폰의 SMS로 소통하는 것을 선호하는 세대들로 디지털 문자시대를 주도하고 있다. 스마트폰 기반의 SNS 플랫폼의 등장으로 SMS 문자로 소통하는 새로운 세대가 소통과 인지기능의 혁신적 변화를 주도하고 있다. Z세대는 언어와 문자가 자동화되는 인공지능 시대의 소통과 인지기능을 선도하는 세대들이다.

비대면 문화가 확산되는 SMS 문자 시대에 페이스 북, 위챗, 카카오 톡, 인스타그램, 트위터 등의 플랫폼에서는 1초에 20,000개의 문자가 소통된다고 한다. 1초에 20,000개의 SMS 문자가 세상 사람들의 메시지를 전달하고, 사람들의 감정을 표현하며 더 나아가 사람들의 자아를 실현시키는 매개 기능을 매순간 수행하고 있다는 것이다. 또한, 비대면의 코로나 시대에 Z 세대가 입사하길 원하는 기업도 삼성을 제치고, 카카오 톡이 1등 기업으로 부상했다. SMS 문자 기반의 소통과 인지기술을 상품화하는 카카오 톡이 인공지능을 선도하는 기업 이미지를 만들어 가고 있기 때문이다.

이러한 흐름 속에서 SMS 문자 시대를 선도하고 있는 Z세대가 한자기호를 하나의 그림문자로 지각하고 인지하는 경향을 보이고 있다. 5G 광역망의 초 시대를 살고 있는 Z세대에게 스크린

에 배치된 텍스트와 문자기호는 한 호흡에 읽는 시각적 이미지
인 것이다. 그래서 그림문자에서 표의문자로 진화한 한자기호를
스마트 폰의 스크린 속에서 시각화된 문자인 그림문자로 취급하
는 젊은 세대들이 늘어나고 있다. 칼리그래픽의 미학적 가치와
의미가 접목한 한자기호가 SMS 문자로 적극적으로 활용되고
있는 것이다.

또한 한자기호에 감성을 접목한 이모티콘을 제작한 사례도
늘어나고 있다. 예컨대 칭하대학교 천난(陳楠) 교수가 갑골문 기
반의 새로운 이모티콘을 제작하여 젊은 세대에게 유통시키고 있
다. 갑골문을 기반으로 하고 있는 문자 중에서 소, 양, 토끼, 강아
지 등을 활용하여 문자와 함께 자신의 감정을 표현하는 이모티
콘을 제작하여 유통시키고 있다.

기호학자 롤랑 바르트는 문자를 몸에 비유하여 은유적으로
표현한다. "문자는 손이다. 손에서 미끄러지고, 빠져 나가고, 손
이 느끼는 진동이고 리듬이다. 문자 그것은 결국 몸이다."라고
비유하고 있다.[3] 글쓰기가 정신의 상태와 몸의 감각적 상태를 전
제하고 있다는 것이다. 칼리그래픽 차원에서 한자기호의 부수

---

3   Pierre-Antoine(2020), Empire du signal-De l'écrit aux écrans, CNRS
Edition.

쓰기는 손과 몸에서 느끼는 감각적 리듬의 즐거움이다. 한자기호의 칼리그래픽은 메시지를 전달하는 글쓰기 행위만을 지칭하지는 않는다. 한자기호를 쓰는 제스처는 그림과 문자와의 예술적 조합을 보여주는 손과 몸의 미학적 활동이다. 더 나아가 붓에 묻힌 먹물로 하얀 종이 위에 쓰는 한자기호는 검정과 흰색의 이항대립이고, 음과 양의 조화를 보여주는 문화적 행위이다.

오늘날 한자기호의 쓰기는 종이에서 디지털 스크린으로 이동하였다. 종이 위에서 손으로 느끼는 진동과 리듬은 스크린에서 느끼는 감각과는 다르다. 최근 손가락의 터치로 한자기호의 칼리그래픽을 배우는 다양한 종류의 스마트폰 앱이 등장하고 있다. 한자기호를 눈으로 읽는 것은 시각적 행위인 반면에 쓰는 행위는 뇌와 함께하는 인지적 활동이다. 한자기호의 서체를 배운다는 것은 시각과 촉각의 조화가 어우러지는 공감각의 인지적 활동이다.

알파벳 문자와는 달리 한자기호는 사각형의 프레임에 담긴 문자이다. 사각형의 프레임에 부수의 자형을 순서대로 쓰면서 한자의 서체를 배우는 것이다. 물론 쓰는 도구는 붓 대신에 검지와 디지털 펜으로 쓰는 도구가 대체되었다. 손으로 붓을 잡고 쓰는 강도와 손가락의 터치와 디지털 펜에서 느끼는 감각은 다르지만 서체를 쓰는 획수의 방향과 질서는 변함이 없다. 기존 칼리그래픽 예술에 디지털 기술을 접목하여, 온라인에서의 새로운 글쓰기 예술이 한자기호에서 이루어지고 있는 것이다.

디지털 스크린에서 한자기호의 위상은 상징적 의미를 담고 있는 표의문자에서 도상이 강한 그림문자로 돌아가고 있다. SMS 문자로서 한자기호는 디지털 기술의 도움으로 시각화된 문자로 자신의 새로운 정체성을 만들고 있다. 다양한 의미를 담고 있는 시각화 이미지로서의 한자기호로 작동한다. 한자기호가 순수하게 도상성만 작동하는 것이 아니라, 다양한 맥락에서의 상징적 의미를 전달하는 소통 기능을 수행하고 있다. 특히 도상성이 강한 한자기호가 디지털 스크린에서 가독성과 쓰기의 장점을 보여주고 있다는 것이다.

한자기호는 디지털 기술의 속성에 문자의 변별적 가치가 잘 드러나는 디지털 문자이다. 도상이 강하게 작동하는 시각화된 상형문자로 SMS 스크린에 적합한 문자라는 것이다. 일상생활 속에 이루어지는 소통의 기능이 메시지만을 단순하게 전달하는 것은 아니다. 소통의 기능에는 사회적 행위와 상호작용도 중요하다. 스마트 폰에서 이루어지는 SMS 문자 활동은 다른 사람과의 관계 속에서 이루어지는 사회적 활동을 내포하고 있다. 짧은 시간에 단문과 이미지를 활용하여 자신의 생각과 감정을 다른 사람에게 전달되면서 사회적 관계를 조성하는 디지털 문자이다.

3. 이모티콘과 화성문(火星文)

사회학자 어빙 고프만(Eving Goffman)은 사람들의 소통이 타인과의 관계와 상호작용으로 이루어지며, 상호작용은 언어와 제스처의 매개로 가능하다고 주장한다. 그는 사람과의 상호작용에서 비대면의 비가시적인 소통도 사회적 관계를 설정하는 중요한 기능이라고 했다.[4] 또한 자신의 정체성과 자아를 표현하고 메시지를 전달하는 사회적 관계를 연극의 공간이라며 은유적으로 표현하였다. 사람들이 연극의 공간에 출연해 사회적 역할을 수행하면서 타인과의 관계와 상호작용을 하고 자신의 자아의 자아와 정체성을 만들어간다는 것이다.

어빙 고프만의 접근 방식을 Z세대에게 적용해보면 오늘날 디지털 세대들에게 스마트 폰은 연극 무대와 같은 기능을 수행하

---

4   어빙 고프만, 진수미(2016), 자아 연출학, 현암사.

고 있다. 24시간 접속된 스마트 폰에서 자신이 선호하는 콘텐츠
를 향유하고, 사람과의 비대면 소통을 하는 공간이다. 더 나아
가 자신의 자아, 정체성, 경험 등을 표현하는 공간이고, 비대면의
SMS 문자 활동이 이루어지는 것이다. 한자기호의 시각화 과정
에서 대표적인 것이 한자를 이모티콘으로 재현하여 자신의 감정
을 순간적으로 표상하는 것이다.

이모지(Emoji) 또는 이모티콘은 스마트폰 SMS 문자 활동에서
감정을 표현하는 아이콘이다. 얼굴 표정으로 자신의 감정 상태
를 즉각적으로 전달하는 아이콘 기반의 SMS 문자이다. 기호학
관점에서 이모티콘은 도상적 요소인 얼굴 표정에 의미망을 함축
하고 있는 상징기호이다.

또한 스마트폰의 등장으로 커뮤니티 문자가 활성화되고 있
다. 온라인상에서 자신들만의 소통을 위해 만들어지는 화성문(火
星文)이 대표적인 사례이다. 화성문은 한자를 기호화하여 이미지
와 혼용하여 만든 문자로 온라인 상의 커뮤니티 문자로 일반인
들에게는 이해하기 어려운 초현실주의 문자이다.

스마트폰의 SMS 문자로서 한자기호는 시각화된 그림문자의
기능이 강화되고, 표의문자의 기능은 약화되는 것처럼 보일 것
이다. 하지만 한자기호는 그림문자에서 디지털 문자로 진화하고

있다. 고정된 이미지가 아니라, 칼라와 움직임을 부여받은 디지털 이미지로 한자기호의 소통 기능을 강화시키고 있다. 또한 한자기호가 특정한 커뮤니티의 문자로 기능하여 본래 가지고 있던 문자의 기능을 수행하면서도 스마프톤의 매개로 다양한 기능을 하고 있다. 특히 스마트폰에서 감정을 즉각적으로 표현하고 전달하는 디지털 스크린의 문자로 새로운 기능을 수행하고 있다.

제3부

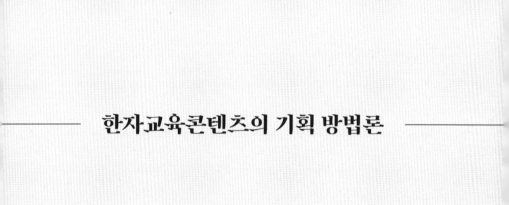
한자교육콘텐츠의 기획 방법론

1장

한자교육콘텐츠의
개념과 방법론

1. 한자교육콘텐츠의 개념

한자교육콘텐츠는 한자교육과 콘텐츠의 개념이 융합된 개념이다. 콘텐츠를 구성하는 시각적 요소에 디지털 기술을 적용하여 한자교육의 몰입과 반복적 학습을 유도하는 교육콘텐츠이다. 구체적으로 한자교육콘텐츠란 학습자에게 한자의 형상과 자형 원리에 흥미를 갖게 만들고, 부수의 조합으로 형성되는 다양한 의미를 학습하도록 유도하는 상호작용과 인지기능이 작동하는 콘텐츠를 지칭한다.

한자교육콘텐츠는 다른 콘텐츠와 마찬가지로 전달하는 매체에 따라 오프라인과 온라인으로 구분할 수 있다. 책, 학습지, 한자카드, 보드 게임 등과 같은 콘텐츠는 오프라인 콘텐츠이다. 스마트폰, 태블릿 등의 디지털 스크린에서 진행되는 것이 아니라, 종이 위에서 한자를 습득하는 콘텐츠이다. 온라인 콘텐츠는 스마트폰과 컴퓨터에서 한자를 습득하는 어플리케이션 기반의 콘텐츠이다.

최근에는 스마트폰의 한자교육 어플리케이션이 확장되고 있다. 앱 스토어에 한자와 한자 교육이라는 키워드를 검색하면 230개의 어플리케이션이 등장한다. 230개의 어플리케이션이 한자기호의 문자적 가치인 미학과 교육의 속성을 잘 담아내고 있는지 분석이 필요하다. 230개의 한자교육콘텐츠 중에서 10,000개 이상의 리뷰를 가지고 있는 콘텐츠는 10개에 불과하다. 디지털 스크린에서 한자교육의 중요성을 인식하고 있지만, 콘텐츠 구성 차원에서 학습자의 지각과 인지기능을 고려한 콘텐츠가 많지 않다는 것이다.

무엇보다도 중요한 점은 한자기호가 갖고 있는 문자적 가치를 교육콘텐츠에 잘 부각되도록 기획하는 것이 중요하다. 문자기호로서의 소통과 인지기능을 함축하고 있는 한자의 변별성과 속성을 이해하지 못하고 콘텐츠를 기획한다면 문자기반의 교육콘텐츠로서의 기능이 작동하지 못할 것이다.

도상성이 강한 한자기호는 미학적 가치와 문화적 맥락을 담고 있는 교육적 가치를 함축하고 있다. 따라서 한자기호가 가지고 있는 문자적 가치와 교육적 가치를 전달하는 문자기호로서의 한자교육콘텐츠 기획이 무엇보다도 중요하다. 기존에 오프라인에서 출시된 한자카드 기반의 암기식 한자교육콘텐츠는 일방향의 콘텐츠로서 학습자의 흥미와 몰입을 유도하는 상호작용 장치가 부족하다. 한자교육콘텐츠는 학습자의 흥미를 유도하는 상호작용의 장치가 작동하는 콘텐츠 구성이 중요한다.

2. 한자교육콘텐츠의 상호작용

한자교육콘텐츠는 학습자가 한자기호를 지각하고 인지하는 학습의 인지적 스키마를 작동하게 하는 것이 무엇보다도 중요하다. 학습자의 감각을 자극하고, 자극을 통해 자발적으로 인지하도록 유도하는 학습방법이다. 시각화된 한자를 지각하고 의미를 인지하는 학습자의 인지기능을 활용하는 것이다. 도상과 상징의 인지기능을 활용해 학습자가 자연스럽게 한자기호를 학습하게 만드는 한자교육콘텐츠로 기획하는 컨셉 설계가 필요하다.

한자교육콘텐츠의 학습 원리 중에 하나는 한자기호의 도상성을 활용하는 것이다. 갑골문의 상형문자에서 출발한 한자기호가 내재하고 있는 도상적 요소를 학습 기억과 연관시키는 기획이 필요하다. 그림문자의 도상 기억술을 활용하여 학습자의 흥미를 유발하여 인지적 학습 효과를 높이는 것이다. 한자기호의 도상 기억술은 한자기호를 지각하는 순간 연상되는 정신적 활동이다. 사각형에 배치된 한자기호의 부수와 도상을 해체하여 연상의미를 반복적으로 학습하여 자연스럽게 한자기호를 습득하는 콘텐츠를 기획하는 것이 중요하다. 또한 도상의 부수에서 부수가 조합하여 의미가 그려지고 연상되는 부수의 의상(意象)도 중요하다. 한자기호가 사물을 형상화한 도상에서 머문 것이 아니라, 부수의 조합을 통한 의미망의 영역으로 자동으로 연결되기 때문이다.

콘텐츠 영역에서 사용자의 몰입, 상호작용, 재미 등을 유도하는 유저 인터페이스(UI)와 유저 경험(UX)이 기획의 필수 요소이다. 한자교육콘텐츠 기획의 컨셉 설계에서 중요한 것은 소비자의 감각과 감성 그리고 인지 영역이다. 특히 학습자의 감각을 각성시키는 시각적 요소가 중요하다. 시각을 자극하고 흥미를 유발하는 콘텐츠의 게이트 역할을 그래픽 이미지가 수행하고 있다. 학습자의 콘텐츠 행로를 탐색하면서 UI와 UX를 점검해야한다. 따라서 한자기호의 시각화 전략이 무엇보다도 중요하다. 사람들에게 흥미를 유발하는 주제를 선정하여, 주제와 연관된 한자기호들을 시나리오로 설계하여 콘텐츠를 기획하는 접근이다.

첫 째는 그래픽 이미지의 상호작용이다. 학습자가 시각적 이미지와 소통하는 과정이다. 시각화된 한자기호의 어포던스 효과가 작동해야한다. 어포던스 효과는 이미지가 학습자의 흥미와 호기심을 유도하여 클릭을 이끌어내는 기능이다. 한자기호와 연관이 있는 캐릭터, 문자, 아이콘 등에 관심과 흥미를 유발시키는 것이다. 콘텐츠 게이트는 학습자가 콘텐츠에 입문하는 첫 번째 만남이다. 한자기호와 연관이 있는 시각적 이미지로 구성하는 것이 무엇보다 중요하다. 예컨대 한자기호를 학습시키는 방법이 재미있고 흥미가 있어야한다. 한자기호로 만든 캐릭터와 아이콘을 배치하여 클릭을 유도해야한다. 중요한 것은 콘텐츠 타겟인 학습자가 흥미를 갖고 집중할 수 있는 한자교육의 주제를 선정하는 것이다. 주제는 동물, 식물, 주방, 음식, 건축, 인물, 스포츠 등의 범주화에 따른 주제 선정이다. 주제를 선정한 후에 학습하고자 하는 한자기호를 선정하고, 그 중에서 그래픽 이미지로 아이콘할 수 있는 한자기호를 선별하여 콘텐츠 게이트의 대표 아이콘으로 제작하여 배치하는 것이다.

두 번째는 학습자의 콘텐츠 사용을 습관화시키는 학습 동기와 보상을 주는 것이다. 학습의 주제와 시각적 이미지가 탁월해도 콘텐츠의 반복적이고 자동화된 방문을 높일 수는 없다. 반복적이고 자동화된 콘텐츠 사용 패턴을 만드는 것은 학습에 대한 미션과 그 결과에 따른 보상 시스템을 구축하는 것이다. 콘텐츠에 게이미케이션(gamefication)을 적용하는 것이다. 보상 시스템이 없는 콘텐츠는 학습자의 규칙적인 학습 패턴을 유도할 수 없다. 학습자의 행동을 유도하고 동기를 부여하는 핵심 키워드는 보상이다. 보상 시스템에는 아이템, 점수 등을 획득하여 학습 레벨을

업그레이드하는 방식으로 진행된다. 학습의 레벨 디자인도 학습
자의 성취감을 유도하는 최상의 방법이다. 특히 디지털 네이티
브 세대들에게 게임성을 기반으로 학습 효과를 높일 수 있는 콘
텐츠 전략이 필요하다. 한자기호를 식별하면서 의미를 부여하
고, 주어진 질문에 부합하는 한자기호를 선택하도록 유도하면서
레벨이 올라가는 방식으로 학습효과를 높일 수 있다.

　세 번째는 재미 요소이다. 재미 요소가 콘텐츠의 지루함을 제
거하고 몰입을 유도하는 장치이다. 한자교육콘텐츠가 재미 요소
가 가득한 엔터테인먼트 콘텐츠는 아니다. 한자교육콘텐츠의 재
미 요소는 한자 학습을 즐겁게 할 수 있는 분위기를 조성하는 것
이다. 재미 요소가 게임성만을 이야기하는 것은 아니다. 한자기
호의 캐릭터, 아이콘 등에 재미 요소를 부가하여, 재미있게 학습
을 진행할 수 있게 구축하는 것이다.

3. 한자교육콘텐츠와 내러티브 스키마

　　　한자교육콘텐츠의 기획과정에서 중요한 것은 학습자
가 자발적으로 한자기호를 습득할 수 있는 인지기능을 활성화하

는 것이다. 학습자가 콘텐츠에 흥미를 갖고 반복적으로 학습할 수 있는 동기 유발이 중요하다. 지각과 인지기능을 고려한 콘텐츠 기획과정을 어떻게 접근할 것인지 고민해야한다.

학습자의 지각인지기능은 콘텐츠에 접근한 학습자의 동선을 최적화하는 전략이 필요하다. 우선 학습자가 디지털 스크린에 들어와 이동하는 예측 동선을 구조화 필요가 있다. 예측 동선은 학습자의 순차적 클릭의 예상 시나리오를 의미한다. 콘텐츠에 들어와서 호기심을 갖고 클릭하는 알고리즘 구조를 전략적으로 기획해야할 것이다.

내러티브 스키마는 사람들이 지식과 정보를 지각하고 인지하는 과정을 구조화하는 기호학적 모델이다. 기호학자 그레마스는 텍스트를 읽고 해독하는 사람들의 인지기능을 설명하기 위해 4단계의 독서과정을 제안했다. 4단계의 연쇄적 서사로 구성된 내러티브 스키마를 다음과 같이 한자교육콘텐츠 기획에 적용할 수 있다.

첫 번째 단계는 계약과 조종의 단계이다. 시각화된 한자기호를 배치하여 학습자에게 학습의 흥미를 유발하며 학습 미션을 제안하는 단계이다. 시각적으로 강조된 콘텐츠는 학습자의 흥미와 몰입을 강화하여, 교육자의 의도에 따라 학습에 참여할 수 있도록 유도한다.

두 번째 단계는 능력의 단계이다. 한자교육을 수행할 수 있는 학습자의 역량을 향상시키는 단계이다. 미션을 부여받은 학습자가 학습의 방법을 익히고, 아이콘의 기능을 습득하며 학습에 점차 몰입하는 단계이다. 즉 학습자가 학습과정을 이해하는 단계로, 한자기호로 시각화된 캐릭터와 아이템 등의 기능을 습득하는 단계이다.

세 번째 단계는 수행의 단계이다. 부여받은 미션을 수행하는 단계이다. 한자기호의 지각인지 과정이 이루어지는 단계로, 한자기호를 식별하고 습득한 지식을 활용하여 문제를 해결하는 단계이다.

네 번째 단계는 평가의 단계이다. 한자 학습을 수행한 결과에 대한 평가를 받는 단계이다. 수행한 미션의 성공과 실패 여부에 따라 결과를 평가를 받는다. 미션 수행에 성공한 경우, 학습자에게 보상이 이루어지며 학습의 완성, 또는 다음 단계로 넘어가는 과정이다.

내러티브 스키마 모델은 학습자의 콘텐츠 행로를 시나리오로 구성하여 기획하는 방법론이다. 4단계의 기획과정이 학습자와 콘텐츠의 상호작용으로 전개되고 있다. 각각의 단계가 단절된 것이 아니라, 학습자의 행동을 유도하는 연쇄적 관계로 연결되어 있다. 학습자의 학습 평가는 수행을 전제하고 있고, 학습자의 수행은 학습 능력과 계약/조종의 단계를 전제하고 있는 연쇄적 관계이다.

한자기호의 부수를 식별하면서 의미를 부여하는 지각과정과 반복적인 학습을 통해 한자기호를 습득하고 기억에 저장하는 일련의 과정은 학습자의 뇌에 저장된 인지모델이다. 콘텐츠를 통해 학습자에게 한자기호의 의미를 해석하고 기억에 저장하는 인지모델을 습득하도록 유도하는 것이 콘텐츠 기획의 핵심 열쇠이다.

2장

한자교육콘텐츠의
이론 및 사례 분석

1. 한자교육콘텐츠 기획과 내러티브 스키마

한자기호의 문자적 가치와 교육적 가치를 체험하는
교육콘텐츠를 기획하고 제작하기 위해서는 주제 선정이 중요하
다. 주제 선정의 조건은 콘텐츠를 향유하는 학습자의 지적 욕구
와 결핍을 충족시키는 다양한 주제를 선정해야한다. 주제 중에
는 부수를 반복적으로 습득하거나, 서체를 학습하는 소재를 선
정할 수 있다. 한자기호의 속성 중에 하나는 의미망이다. 한자는
부수와 부수의 조합을 통해 새로운 의미를 생성하고 있다. 한자
기호가 함축하고 있는 의미망의 영역에는 감성을 터치하는 테라
피 영역과 학습을 유도하는 교육 영역으로 구분할 수 있다.

1) 카드 뉴스 〈한자테라피〉

한자기호의 의미 연상과 의미망의 연결을 활용하여 정서적
안정감을 유도하는 한자테라피 콘텐츠는 한자교육콘텐츠의 블
루오션 영역이다. 한자테라피(Therapy, 療法)는 한자기호의 숨겨진
의미를 해독하면서 긍정적 사고를 유도하는 자기암시의 심리적
요법을 유도하는 콘텐츠이다. 한자기호의 의미망에 연결하여 사

색하는 시간의 여유를 갖도록 유도하는 콘텐츠이다. 무한 경쟁을 살아가는 현대인들에게 주변의 상황을 벗어나 잠시 정지하고 자신을 돌아보고 스스로를 위로하라는 주문을 건네는 콘텐츠이다.

　문자기반의 테라피 요법을 처음 사용한 사람은 프랑스의 심리학자 겸 약사인 에밀 쿠에(Emille Coue)이다.[1] 에밀 쿠에는 약 처방을 요청한 사람들에게 문자 메시지 처방도 함께 했다고 한다. 약을 먹고, 내 병이 어제보다 오늘 더 좋아진다는 문자를 되새기라는 처방을 내렸다. 그의 처방이 효과를 내고, 주변에 알려지면서 테라피, 요법이라는 분야로 확장된 것이다.

　한자기호의 의미를 처방하는 한자테라피의 카드 뉴스도 의미를 되새기고 사색하는 시간을 통해 스스로 긍정적 사고를 유도하는 것이다. 다양한 스트레스와 부정적 감정에 빠진 현대인들에게 정서적 안정감을 유도하는 힐링과 테라피 효과를 유도하는 콘텐츠를 기획하는 것이다. 한자기호의 연상의미와 의미망을 활용하여 현대인들에게 정서적 안정감을 유도하는 카드뉴스를 제작할 수가 있다. 카드 뉴스 제작에 내러티브 스키마 모델을 적용

1　에밀 쿠에, 김동기, 김분(2020), 자기암시, 하늘아래.

할 수 있다.

첫 번째 단계 계약/조종의 단계이다. 카드뉴스를 접하는 사람들에게 한자기호의 연상의미를 통해 부정적 감정을 해소하고 긍정적 사고를 유도하겠다는 제안을 하는 것이다, 예컨대 경쟁사회에서 끊임없는 비교로 열등감(劣等感)에 사로잡힌 사람들에게 열등감을 벗어날 수 있는 사색과 힐링의 시간을 제안하는 것이다.

두 번째 단계는 능력의 단계이다. 능력의 단계에서 자신이 느끼고 있는 열등감의 상황이 어떠한 상황인지 인지하면서 한자기호의 의미를 탐색하는 준비단계이다. 심리학자 아들러가 현대인에게 조언하는 미움 받을 용기가 있는 사람이 의미하는 뜻이 무엇인지 사색하는 상황을 만들어준다. 또한 실존주의 철학자 사르트르가 제안한 "타인은 나의 지옥이다."가 전하는 함축의미를 파악하게 만든다.

세 번째 단계는 수행의 단계이다. 열등감(劣等感)의 부수를 해체하면서, 함축적 의미를 탐색하고 자신의 열등감이 타인과의 비교 심리에서 시작된 부정적 감정임을 인식하게 만든다. 즉 열등감이 비교 심리의 심리적 기제에 발생하고 있음을 인지하는 단계이다.

　네 번째 단계는 평가의 단계이다. 한자기호의 의미를 해석하고 의미를 부여하는 순간에 자신이 가지고 있던 열등감의 심리적 문제를 인식하고 긍정적인 사고를 하게 되는 단계이다.

　카드뉴스는 한자기호의 의미를 되새기면서 부정적 감정을 긍정적으로 전환하는 심리적 기제를 활용하고 있다. 한자 열등감(劣等感)은 못할 열(劣)에 무리 등(等)을 조합한 문자이다. 회의문자인 못할 열(劣)은 힘 력(力)과 작을 소(少)의 합자로, 힘이 적고, 약한 사람을 뜻한다. 회의문자인 한자 무리 등(等)자는 관청(寺)에서 쓰는 서류를 대쪽(竹)처럼 가지런히 정리하여 순서대로 구분하여 놓는다는 뜻으로 등급, 계급, 신분의 의미를 함축하고 있다. 한자 열등감(劣等感)을 구성하는 관청과 대쪽은 은유적 표현으로, 오늘날의 학교, 회사, 기관에서 개인의 스펙이나 역량을 평가하여 분류하는 평가 시스템을 상징하고 있다. 한자 열등감(劣等感)은 등급, 계급, 신분의 비교 평가에서 힘을 쓰지 못하는 에너지가 부족한 사람을 함축적으로 표현하고 있다. 열등감(劣等感)은 타인과의 비교 분석과 평가에서 한 발짝 물러나서 나만의 역량과 실력을 축적하는 에너지를 갖는 심리적 훈련이 필요한 감정이다. 타인의 능력을 끊임없이 비교하고 모방하려는 심리에서 벗어나, 나만의 자아와 실존을 갖는 역량을 키우는 자세가 중요하다.

ARTCODE-SHJ

그림 1 | 한자테라피뉴스 - 열등감(劣等感)

두 번째 카드 뉴스 사례는 질투(嫉妬)이다. 질투는 남을 부러워하는 감정이고 사랑하는 사람이 다른 사람을 쳐다보는 순간 발생하는 감정이다. 현대인들의 질투는 다른 사람과 비교하는 경쟁심과 사랑하는 사람을 독점하려는 애착심의 감성에서 시작된다. 직장 동료나 친구를 따라 잡을 수 없음을 느끼는 순간에 질투(嫉妬)의 감정이 무의식에 자리 잡는다. 사랑하는 사람이 다른 사람에게 관심을 보이고 있다는 의심을 하는 순간 질투(嫉妬)의 감정이 침투한다. 남성의 질투(嫉妬)는 주로 직업적으로 성공한 사람과의 비교에서 나타나고, 여성은 외모가 뛰어난 사람을 비교하면서 질투(嫉妬)한다고 한다.

한자기호인 한자 질투(嫉妬)를 해독하면서 의미를 되새기면 질투(嫉妬)의 감정을 통제할 수 있다. 한자 미워할 질(嫉)은 계집녀(女)에 병질(疾)을 조합한 문자이다. 병질(疾)은 전쟁터에 나가 화살을 맞아 병을 앓고 있는 사람을 형상하고 있다. 여자들이 마음의 병이 생긴 상태를 보여주고 있다. 한자 샘낼 투(妬)는 계집녀(女)에 돌 석(石)을 조합한 문자이다. 여자가 돌을 던지는 이미지를 형상화하고 있어, 타인을 샘내는 여자가 돌 팔매하는 모습이다. 질투(嫉妬)는 자신과 타인의 몸과 마음에 끊임없이 돌을 던지고, 자신의 맘에 깊은 상처를 남기는 열등감의 감정이다.[2]

한자 질투(嫉妬)가 계집녀(女)를 부수로 가지고 있다고, 질투가 여성만이 느끼는 감정은 아니다. 현대인의 질투(嫉妬)는 남녀 모

---

2   심현주(2021), 이중 언어 한자브랜드의 인지기능에 관한 고찰-프랑스 기업브랜드를 중심으로-, 한국프랑스학회.

두가 일상 속에 느끼는 감정 중에 하나이다. 질투를 느낀 적이 있는가라는 1만 7천명 설문조사에서 4명중 1명이 느끼고, 여성은 79%, 남성은 74%가 질투의 감정을 느꼈다고 한다. 질투(嫉妬)는 일상 속에 나타나는 자연스런 감정이지만, 현대인들의 몸과 맘에 돌을 던지는 돌팔매질이라는 것이다.

그림 2 | 한자테라피 카드뉴스 – 질투(嫉妬)

2) 한자교육 웹툰 〈군자구담〉

〈군자구담〉은 한자 학습과 도덕 교육을 위해 제작된 웹툰이다. Z세대인 대학생들에게 군자가 되기 위해서는 수업시간에 배운 한자의 의미를 되새기고 실천해야한다는 미션을 부여한다. 〈군자구담〉은 미션과 보상 시스템의 게이미피케이션이 작동하는 콘텐츠이다. 학습자는 일상의 깨달음을 통해 주어진 미션의 실마리를 풀고 해결책을 찾는다. 이후 보상이 주어진다. 군자구담은 이 시대가 요구하는 군자 상(像)을 실천하자는 스토리텔링 형 웹툰으로 한자기호의 연상의미를 자연스럽게 인지하도록 만드는 한자교육 콘텐츠이다.

스토리텔링 형 웹툰을 기획하기 위해서는 세계관의 설정이 중요하다. 과거, 현재, 미래를 관통하며 서사를 연결시키는 주제 설정이 필요하다. 〈군자구담〉은 시대를 초월하여 유토피아의 사회구조를 만드는데 필요한 인간상인 군자가 되기 위해서 실천해야하는 덕목을 이야기하고 있다. 교육용 웹툰은 자칫 지루해질 수 있기 때문에 텍스트의 이야기 구조인 플롯의 짜임새를 관통하는 주제 설정이 더욱 중요하다. 〈군자구담〉은 이 점에 포커스를 두었다.

〈군자구담〉의 세계관은 주인공이 만들어가는 스토리라인의 방향과 철학을 담고 있다. 세계관이 설정되면 시리즈의 에피소드별 스토리 소재를 선별해야한다. 소재 선택의 핵심 방향은 한자를 습득할 수 있는 군자의 덕목과 연관된 한자기호이다. 소재의 선택이 이루어지면 스토리보드를 작성해야한다. 스토리보드의 작성은 장소와 사건을 중심으로 한자기호를 습득하도록 곳곳에 한자기호를 개연성 있게 배치하는 전략이 필요하다. 또한 이미지와 대사의 자연스런 상호작용을 중심으로 한자기호의 습득이 이루어지도록 구성해야 한다.

그림 3 | 한자교육 웹툰 〈군자구담〉 세계관 및 등장인물

그림 4 | 한자교육 웹툰〈군자구담〉에피소드 1:
군자(君子)와 인재(人才)

그림 5 | 한자교육 웹툰〈군자구담〉에피소드 2:
태만(怠慢)과 습관(習慣)

웹툰은 Z세대 뿐만 아니라 스마트폰을 사용하는 많은 사람들이 선호하고 소비하는 콘텐츠 장르이다. 〈군자구담〉은 세계관에서 부여된 각각의 캐릭터의 성격과 배경적 상황을 바탕으로 각 에피소드에서 등장인물이 깨달음을 얻고 올바른 군자 상(像)을 찾아 성장하는 과정을 이야기로 담고 있다. 주인공 캐릭터는 저마다 다른 성격을 지니고 있으며, 그들이 추구하는 삶의 양식도 저마다 다르다. 각 에피소드는 군자라는 하나의 가치를 추구하며, 독자에게 익숙할 법한 상황, 공간, 일상의 사건으로 이루어졌다. 등장인물의 대화, 태도, 생각, 행동, 등장인물 간의 사회적, 윤리적 인간관계 등은 실제 학교생활, 일상을 재현하며 독자의 공감을 유도한다. 또한, 일상에서 자주 사용되는 한자어를 표기함으로써, 다양한 연령대의 독자에게 자연스럽게 군자의 덕목과 한자어의 의미를 습득하게 한다. 이처럼 〈군자구담〉 저마다 개성 있는 다양한 연령대의 캐릭터들이 한자기호를 습득할 때마다 성장하는 모습을 보여주는 한자 교양 교육 웹툰으로 웹툰을 즐기는 전 연령층에게 자연스럽게 다가간다.

2. 중국 한자교육콘텐츠의 사례

1) 중국 한자교육콘텐츠의 장르

중국 온라인 교육 시장에서 유통되고 있는 한자교육
콘텐츠는 230 여종이다. 그 중에서 한자기호의 문자적 가치가 잘
드러나는 콘텐츠 사례 13 종을 선별하여, 한자교육콘텐츠의 학
습 효과와 상호작용 등을 분석하고자 한다. 콘텐츠 분석의 방향
은 학습자의 학습 행로를 중심으로 이루어졌다. 학습자가 콘텐
츠에 들어와서 접하는 교육프로그램의 특성을 중심으로 장르를
세분화 하였다.

기존의 교육관련 콘텐츠 장르는 교육콘텐츠와 에듀테인먼트
콘텐츠로 이원화하여 구분하였다. 오프라인에서 진행되는 교육
적 정보와 지식을 온라인으로 그대로 이동한 콘텐츠가 교육콘텐
츠이다. 하지만 교육콘텐츠는 학습자의 상호작용과 몰입을 고려
하지 않은 일방적인 교육프로그램으로 학습자에게 외면을 받았
다. 일방적인 학습이 아니라, 재미와 흥미를 주는 콘텐츠 장치를
적용하는 에듀테인먼트콘텐츠가 등장하였다. 교육과 재미요소
를 융합한 콘텐츠였지만 과도한 게임요소와 재미 요소로 교육적

가치가 다소 부족하다는 평가도 받고 있다.

한자교육콘텐츠는 독특한 문자적 가치를 담고 있는 한자의 변별성을 기획 단계에서 적용하는 것이 중요하다. 특히 학습자의 콘텐츠 지각과정과 인지기능을 고려한 교육프로그램 구성은 학습 역량 강화의 핵심 요소이다. 중국에서 유통되고 있는 콘텐츠의 가치 평가는 대체적으로 높은 편이다. 한자의 문자적, 도상적, 상징적 속성을 고려한 콘텐츠 기획으로 학습자의 상호작용과 학습 효과를 높이기 위한 다양한 교육프로그램을 제공하고 있기 때문이다.

한자교육콘텐츠의 분석에 따라 중국 온라인 교육 시장에서 유통되고 있는 콘텐츠 장르는 다음과 같이 4가지 장르로 세분화할 수 있다.

첫째는 스토리텔링 기반의 한자교육콘텐츠이다. 갑골문의 한자 자형의 도상성과 상징성을 모티브로 이야기를 전개하면서 교육을 진행하는 콘텐츠다. 대중에게 익숙한 〈서유기〉의 서사를 바탕으로 등장 인물 및 장소를 선정하여 한자를 교육하는 콘텐츠이다. 즉, 스토리 기반으로 한자 학습이 이루어지는 교육콘텐츠이다.

둘째는 캐릭터 기반의 한자교육콘텐츠이다. 동물, 식물, 역사

적 인물 등을 캐릭터로 만들어 학습자와의 친밀감을 형성하면서
적극적인 학습 참여와 동기부여를 유도하는 콘텐츠 장르이다.

　셋째는 이미지텔링 기반의 한자교육콘텐츠이다. 이미지텔링
의 개념은 디지털 기술과 SNS 플랫폼이 확장되는 시대에 이미
지가 이야기를 만드는 과정과 인지되는 과정을 접근하는 것이
다.[3] 이미지텔링은 한자의 시각화와 이미지를 활용하여 학습자
의 인지과정에 도움을 주는 장르이다. 한자의 도상성을 활용하
여, 이미지와 한자를 융합하여 시리즈로 교육시키는 콘텐츠들
이다.

　네 번째는 스마트 미디어 전자 사전이다. 오프라인의 한자사
전을 어플리케이션으로 구성한 콘텐츠이다. 방대한 한자 DB를
중심으로 음성과 터치의 인공지능 서비스를 제공하고 있는 콘텐
츠 장르이다.

2) 중국 한자교육콘텐츠의 이론적 배경

　한자교육콘텐츠는 문자학, 형태론, 의미론, 기호학, 인

3　심현주(2020), 이미지텔링의 시각 기호학적 연구, 인하대학교.

지심리학 등의 학제적 이론을 중심으로 콘텐츠의 이론을 구성하고 있다. 콘텐츠를 기획하기 위해서는 문자로서 한자의 기능이 무엇인지 탐색해야한다. 한자의 그래픽 기능을 강조하는 콘텐츠이다. 한자는 도상을 기반으로 시각적 요소가 작동하기 때문에 학습자의 감각을 자극할 수 있는 시각적 요소를 활용할 수 있다. 캐릭터를 개발하여 학습의 미션을 부여하고 학습자가 수행할 수 있도록 동기부여하고, 보상으로 학습 효과를 얻을 수 있도록 설계하는 것이다. 콘텐츠의 배경과 시각적 요소는 학습자에게 친밀감을 줄 수 있는 동물, 식물 등을 선별하여 그래픽 장치로 사용하는 접근이 필요하다.

한자교육콘텐츠는 스토리를 기반으로 교육프로그램을 구성한다. 학습자가 한자를 학습하고 습득하는 과정이 반복되면서 연속적인 하나의 서사를 구성하는 형식으로 기획하고 있다. 또한 학습자에게 학습 미션이 주어지고, 학습자는 주어진 미션을 해결하는 게임 형식의 스토리로 기획하고 있다. 스토리는 학습자의 장기기억 속에 한자를 기억하게 만드는 기능을 수행하고 있다. 예컨대 〈서유기〉의 스토리 라인을 중심으로 장소 기반의 학습 미션을 주면서 한자를 습득하게 하는 접근방식이다.

한자교육콘텐츠는 학습자의 인지기능을 활용하고 있다. 한자학습의 인지기능은 학습자의 인지적 스키마(schema)를 교육프로그램에 적용하는 것이다. 한자 기반의 사유와 기억의 인지 시스템을 활용하여 한자기호의 형상과 의미를 저장시키는 학습이다. 교육학의 구성주의 학습의 핵심은 학습자 스스로 학습을 통해 지식을 습득하는 것이다. 스스로 학습한다는 것은 콘텐츠의 몰입과 상호작용에 반응하여 자발적으로 지식체계를 구성하는 것이다. 하지만 한자교육콘텐츠는 그래픽과 스토리의 자극만으로 한자 학습이 이루어지는 것은 아니다. 학습자의 구성주의 관점과 인지적 스키마가 융합되어야 학습의 효율성을 높일 수 있기 때문이다.

상하이 청소년 언어 발전 센터의 이산천(李山川) 박사가 제안한 '한자사유(汉字思维)' 개념은 구성주의와 인지 스키마의 논리를 담고 있다. 포포식자(布布识字)에 적용하고 있는 한자사유 개념은 한자의 자형원리와 인지기능을 함축하고 있는 논리이다. 한자사유는 학습자들이 기계적으로 암기하는 것이 아니라, 인지 스키마와 구성주의 개념이 작동하는 교육프로그램을 적용하는 것이다. 한자교육콘텐츠의 이론적 배경은 한자의 변별적 특징인 한자의 인지기능에 인지적 스키마의 학습 효과를 융합한 것이다.

3. 중국 한자교육콘텐츠의 장르별 사례 분석

1) 스토리텔링 기반의 한자교육콘텐츠

① 포포식자(布布识字) : 스토리텔링과 한자기원

포포식자(布布识字) 어플리케이션은 '한자사유(汉字思维)' 이론을 기반으로 개발한 한자교육콘텐츠이다. 포포식자(布布识字)는 1,600개의 상용자와 3,200개의 단어, 2,700개의 문장, 1,600개의 한자 이야기, 1,988개의 식자 게임 및 67회의 애니메이션 장르로 구성되어 있다. 한자기호를 생각과 사유의 도구로 콘텐츠에 적용하기 위해 한자기호의 도상성과 인지기능을 적극적으로 활용하고 있다. 콘텐츠 프로그램은 '듣기-말하기-읽기-쓰기-놀기' 5가지 단계로 구성되어 있다. 학습한 한자를 문장의 단어로 조합하거나, 테스트를 통해 학습 동기를 부여하고 있다. 또한 AI기술 및 음성 식별 기술을 적용하여 한자 습득의 자동화 서비스를 제공하고 있다.

포포식자(布布识字)의 콘텐츠 구성 이론은 '한자사유(汉字思维)' 개념이다. '한자사유(汉字思维)'는 상하이 청소년 언어 발전 센터의 이산천(李山川) 박사가 제안한 문자학 이론이다. 한자의 시원인 갑골문의 사고와 어린이의 사고방식을 결합하여 한자 학습을 유도하는 접근 방식이다. 예컨대 중국 사람들에게 한자기호 흐릴 담(昙)의 의미를 물어보면 거의 대부분 사람들이 '시간이 짧다'는 뜻이라고 대답할 것이다. 그 이유는 중국인들이 흐릴 담(昙)자를 배울 때 담화일현(昙花一现)이란 사자성어와 결합하여 배우기 때문이다. 담화일현(昙花一现)의 의미는 우담화처럼 피는 시간이 짧고 덧없이 사라진다는 뜻을 함축하고 있다. 여기서 흐릴 담(昙)자의 의미는 시간이 짧다는 의미가 아니라, 보이지 않는다는 뜻이다. 흐릴 담(昙)은 해일(日)과 구름 운(云)자의 조합으로 해가 구름으로 가려서 보이지 않다는 것을 뜻한다.

또한, 다만 지(只), 두 쌍(双), 얻을 획(获), 벌일 라(罗), 바닷물 못 강(卤), 나아갈 진(进), 다섯 개 한자는 편방이 다르고 의미도 다르기 때문에 공통점이 없다. 그러나 이 5개의 한자기호는 갑골문의 어원인 새 추(隹)라는 공통의 구성 요소로부터 유래되었다.

포포식자(布布识字)는 갑골문의 한자 원형을 기반으로 한자의 부수를 해체하고 조합하는 과정에서 생성되는 의미의 변형을 학습시키고 있다. 또한, 한자와 관련된 신화나 우화 등의 이야기를 적용하여 학습 프로그램을 구성하고 있다. 예컨대 '반고 천지개벽'의 영역에서 애니메이션의 중심 이야기는 주인공 반고가 천지를 개척하는 이야기로 구성되어 있다. 한자를 학습하는 도중 등장하는 도끼는 주인공 반고가 천지를 개척하는 데 도움을 주는 아이템이다. 학습자는 아이템으로 도끼를 활용하여 미션을 수행하면서 자연스럽게 한자기호의 의미를 습득하는 것이다.

포포식자(布布识字)의 콘텐츠 구성은 한자해석, 읽기, 쓰기, 복습하기, 단어 만들기, 문장 만들기, 테스트 등의 7단계로 구성되어 있다. 7단계 중에 콘텐츠 학습자와의 상호작용 차원에서 흥미로운 영역은 한자해석이다. 한자 기호의 부수를 해체하고, 갑골문의 어원과 도상을 활용하여 한자를 해석하도록 유도하고 있다. 즉, 한자의 기원을 바탕으로 한자의 구조를 해체하여 해석하는 과정을 스토리텔링 기반의 애니메이션으로 학습효과를 높이고 있다.

예컨대 애니메이션에서 작을 소(小)에 대한 한자해석의 경우, 갑골문의 작을 소(小)와 형상이 유사한 적을 소(少)를 대비하여 설명한다. 갑골문에서 3개 모래알의 형태로 작을 소(小)를 표현하고, 적을 소(少)는 4개 모래알의 형태로 나타낸다. 그리고 작을 소(小)와 적을 소(少)의 한자기호의 원형이 유사하며, 둘의 의미가 크게 다르지 않다는 점을 애니메이션으로 설명하고 있다.

더 나아가 작을 소(小)가 내포하고 있는 함축적 의미를 전달한다. 수박과 체리의 과일을 보여주면서 작을 소(小)가 사물의 면적을 측정하는 의미를 가지고 있음을 가시적으로 보여주고 있다. 포포식자(布布识字)는 한자기호의 갑골문 원형과 이미지를 통해 한자의 의미를 연상하고 저장시키는 인지체계를 활용하고 있는 탁월한 한자교육콘텐츠이다.

더 나아가 포포식자(布布识字)는 인공지능 서비스를 적극적으로 적용하고 있다. 포포식자(布布识字)는 한자 이미지의 식별과 음성인식의 인공지능 기술을 적용하여 맞춤형 복습을 시키고 학습 보고서를 만들어 학습자에게 제공해주고 있다. 이것은 학습자가 자신이 학습한 내용과 진도를 체크하고 학습 진도를 따라가기 위한 동기를 유발하는 인지적 시스템이다. 포포식자(布布识字)의 콘텐츠 구성에 있어, 게임적 요소는 부족하지만 갑골문의 자형 원리와 의미생성을 중심으로 학습자에게 자발적으로 학습을 유도하는 인지시스템을 적용하고 있다.

② 오공식자(悟空识字): 중국 〈서유기〉, 스토리텔링의 활용

오공식자(悟空识字)는 3~8살의 어린이를 위한 한자 교육 애플리케이션이다. 중국 사람들에게 인지도 높은 장편소설

'서유기'를 주제로 1,200개의 상용한자, 1,200개 문장 및 5,000개의 단어를 학습하는 한자교육콘텐츠이다. '서유기'의 스토리를 배경으로 학습자의 학습 동기를 유발하는 콘텐츠로 구성하고 있다.

'서유기'는 삼장법사와 제자들이 다양한 미션을 수행하면서 불경을 구해온다는 서사 프로그램으로 구성된 인지도가 높은 콘텐츠이다. 오공식자(悟空识字)는 '서유기'의 핵심 인물인 손오공을 캐릭터로 삼아 기본 스토리를 따라가면서 한자 학습을 유도하는 콘텐츠이다.

서유기에 등장하는 화과산(花果山)에서 손오공이 탄생하고, 청신의 궁전에서 제천대성으로 임명되는 이야기가 진행된다. 여기에서 장소 화과산은 한자 발음을 듣고, 식별하는 능력을 키워주는 영역이다. 또한 봉숭아 아이템을 배치하여, 한자 발음을 듣고 부합하는 복숭아를 따는 게이미피케이션 기능을 통해 학습 효과를 높이는 미션과 보상이 이루어지는 영역이다.

오공식자(悟空识字)의 해피 광장은 학습자에게 인터랙션 기능을 제공하고 있다. 해피 광장은 어린이들이 좋아하는 동요를 읽는 미션을 제공하고, 다른 학습자와 학습완성도를 비교하는 랭킹 시스템을 도입하고 있다. 이는 학습자의 상호 소통 및 참여를 유발하고, 다른 학습자와의 비교 평가를 통해 학습의 완성도를 높이는 전략이다.

오공식자(悟空识字)의 콘텐츠 구성은 서유기에 등장하는 구체적인 지명을 각각의 학습과정에 배치하고 있다. 게임으로 구성된 영역은 해피 광장과 해피 밸리이다. 나머지 5개 단계는 한자와의 첫 만남, 연습하기, 발음 따라 하기, 한자와 부합하는 발음 찾기, 단어 만들기 등의 콘텐츠로 구성하여, 학습자가 한자 학습에 흥미를 느끼고 체험할 수 있는 프로그램으로 구성하고 있다.

오공식자(悟空识字)의 차별화된 게이미피케이션 콘텐츠 '해피 밸리'는 한자 퍼즐 게임, 한자 사천성 게임, 문장 만드는 게임 등 다양한 미니게임으로 구성하고 있다. 보드게임은 주사위를 던지고, 손오공의 걸음 수를 결정하여 주어진 문제를 해결하는 게임이다. 학습 게임을 수행한 보상으로 금화를 주어 학습에 대한 성취감을 갖게 만든다. 오공식자(悟空识字)는 서유기라는 익숙한 스토리를 기반으로, 모험을 펼치는 게임 형식의 학습 콘텐츠를 제공함으로써, 사용자들이 자연스럽게 한자 학습에 흥미를 갖고 몰입하게 만드는 콘텐츠이다.

③ 학문고양이 한자가르치기(学问猫)-한자역사 교육 애니메이션

학문고양이 한자가르치기(学问猫)는 1998년에 베이징

방송TV채널에 제작되어 방송된 한자교육 애니메이션이다. 애니메이션은 학문 고양이가 자신이 가지고 있는 한자지식을 다른 동물에게 가르치는 콘텐츠이다. 학문고양이 한자가르치기(学问猫)은 어린이 교육과 관련된 한자 지식을 한자 이미지와 스토리텔링 방식으로 교육하는 콘텐츠이다. 먼저 매회에 한자와 연관된 스토리를 간단하게 설명한 후, 과거에 한자가 형성된 원리와 유래 그리고 한자가 변형된 과정 등을 이미지를 활용하여 설명하고 있다. 예를 들어, 제40회에서는 칠석(七夕节)의 유래를 소개하고 '여자 녀(女)' 한자의 구성 유래를 해설 한 후에, 관련 한자인 '며느리 부(妇)', '좋을 호(好)' 등의 한자기호를 학습시키고 있다.

칠석의 에피소드는 옛날에 집안 청소를 하는 여자의 모습을 화면에 보여준다. 그리고 이와 유사한 '빗자루를 들고 있는 사람'의 형상을 한자 '여자 녀(女)'와 연결시켜 보여준다. 이처럼 상형문자의 도상과 의미 해석을 통해 한자를 기억하게 만드는 도상기억술을 적용하고 있다.

④ 기묘한 한자(奇妙的 漢字) – 스토리 기반의 시리즈 퀴즈

기묘한 한자는 중국 후베이성 TV가 방영한 중국 최초의 한자 퀴즈 프로그램이다. 매회 연령별, 직업별, 지역별로 한자에 관심이 많은 참여자를 초청한다. 3가지 한자 퀴즈를 통해 참여자의 한자 해설과 전문가의 한자 분석이 결합되어 우승자를 결정한다. 시청자들은 TV 방송을통해 퀴즈에 참여하며 한자기호의 관심을 갖게되면서 몰입을 유도하는 콘텐츠이다.

〈기묘한 한자〉 방송의 퀴즈는 출연자들에게 3개의 한자를 제시한다. 이를 20초 내에 하나의 한자로 조합해야하는 박진감 넘치는 퀴즈 방송프로그램이다.

예를 들어, '장인 공(工)', '대 죽(竹)', '뱀 사(巳)' 제시된 3개 한자를 가지고 20초 안에 가시대 파(笆)라는 한자를 답변해야한다. 또한 '여덟 팔(八)', '입 구(口)', '수건 건(巾)' 제시된 3개 한자를 가지고 깃발 기(帆)라는 한자를 구성하여 답변해야 한다. 〈기묘한 한자〉의 한자구성 퀴즈 프로그램은 동영상 관련 플랫폼 및 SNS를 통해 공유되며 젊은 층의 한자 학습 열풍을 몰고 온 프로그램이다.

2) 캐릭터 기반의 한자교육콘텐츠

① 홍은식자(洪恩识字)

홍은식자(洪恩识字)는 미션과 보상의 게이미피게이션을 활용한 한자교육콘텐츠이다. 콘텐츠의 타켓은 3~8살 어린이를 대상으로 만든 한자교육을 위한 애플리케이션이다. 스토리텔링 기반의 게임 형식으로 흥미를 유발하면서 1,300개 한자기호를 학습하도록 유도하고 있다. 한자기호의 도상과 인지기능을 활용한 콘텐츠이다. 한자기호를 식별하는 능력을 중심으로 한자 쓰기, 복습 등의 인지과정으로 자연스럽게 한자기호를 습득하도록 유도하고 있다.

홍은식자(洪恩识字)는 중국 교육 앱 링킹에서 상위권에 차지하고 한자 교육 앱 중에도 앱 스토어의 평점 4.9점으로 학부모의 호평을 받고 있다. 홍은식자(洪恩识字)의 디자인은 깔끔하게 구성되어 있다. 직관적인 아이콘을 활용하여 인지능력 및 판단능력 형성의 초기 단계에 있는 학습자에게 단순하고 편리한 기능으로 주어진 학습 미션을 수행하도록 유도하고 있다. 또한 상호작용 차원에서 화면에 배치된 3D입체의 버튼을 누르거나 미션을 완성하면 한자어 음성이 효과음으로 반응하며 학습자의 몰입과 집중도를 높이고 있다.

어린이들이 한자기호를 식별하고 인지할 수 있도록 유도하며, 학습자의 인지기능을 적극적으로 활용하고 있다. 특히 학습자의 감각기관인 시각, 청각 등을 자극하여 기억에 저장하게 만든다. 예컨대 '읽기 수업' 영역에서 한자기호의 색채를 시각화하여 그림책 형식을 통해 학습을 유도하고 있다. 학습자의 가시성과 주목성을 유도하는 시각적 효과를 생성하여 학습효과를 높이는 콘텐츠이다.

홍은식자(洪恩识字)의 인터랙티브 장치는 캐릭터이다. 친밀감 있는 캐릭터를 활용하여 학습 효과를 높이고 있다. '식자 수업' 단계에서는 호랑이 캐릭터, '읽기 수업' 단계에서는 흰 곰 캐릭터, '병음 수업' 단계에서는 비행사 캐릭터가 등장한다.

친밀감 있는 귀여운 캐릭터를 통해 어린이들의 호기심을 유발하고 한자기호의 습득에 흥미와 친밀감을 더 한다. 또한 식자 게임에서는 한자기호를 습득하는 과정 중 한자의 발음을 반복적으로 강조한다.

'병음 수업' 영역은 한자의 음조를 학습하고, 학습자가 마이크를 조절하여 따라서 읽으며 올바른 발음을 배울 수 있는 인터랙션을 제공한다. 홍은식자(洪恩识字)는 게임 한자를 통해 기존의 전통적인 한자교육콘텐츠와의 차별성을 구축하고 있다.

홍은식자(洪恩识字)의 학습 방식은 게임 콘텐츠와 유사하게 설정하고 있다. 초보자, 유치원 전용, 초등학교 버전 등으로 구분하여 학습의 난이도를 조절할 수 있다. 게임의 레벨 단계처럼 학습의 난이도를 3가지 단계로 구분하여, 기초 한자부터 복잡한 한자까지 학습의 난이도를 단계별로 높이는 학습과정으로 설정되어 있다.

단계별 콘텐츠 구성은 한자기호 듣기, 쓰기, 말하기 학습으로 구성된다. 즉 '식자 수업', '읽기 수업', '병음 수업' 3가지 영역을 포함한다. 또한 편방 및 필획을 가르치는 '한자 교실', 부모와의 한자식별 경기게임, 퍼즐 게임 및 애니메이션 비디오 등 다양한 학습콘텐츠를 배치하여 흥미를 높이고 있다.

홍은식자(洪恩识字)의 핵심 콘텐츠는 식자 수업이다. 식자 수업은 4가지 영역으로 세분화하고 있다. 한자기호 식별을 통해 사용자의 흥미를 유발하는 영역과 한자기호를 쓰면서 연습하는 영역으로 구분된다. 식자 수업은 한자기호의 도상성과 인지기능을 적용한 콘텐츠이다. 한자와 이미지를 사용하여 한자기호의 도상과 연상의미를 작동시키고, 한자기호를 습득하게 하는 콘텐츠이다. 예컨대 한자기호 낱개(个)의 형상과 의미를 기억하기 위해 한자의 시각적 이미지를 사용한다. 닮음, 유사성이 있는 허수아비 이미지를 배치하여, 한자의 도상적 요소와 의미를 연상하도록 구성하고 있다.

한자기호의 연습하기 단계에서는 학습자의 학습 효과를 높이기 위해 미니게임을 배치하고 있다. 학습자가 방금 배운 한자를

찾아서 배치하는 지각인지 훈련이다. 한자기호의 쓰기 단계에서
는 학습자가 습득한 한자기호를 디지털 펜이나 손으로 직접 쓰
게 하는 기능이다. 눈으로 지각한 한자기호를 손으로 쓰는 체험
을 통해 기억 속에 저장하는 것이다. 한자기호의 병음 수업 단계
에서는 학습자의 상호작용 장치가 작동한다. 앞에서 습득한 한
자를 말하는 훈련이다. 스스로 마이크를 조절하여 따라 읽고 기
억하게 만드는 단계이다.

무엇보다도 홍은식자(洪恩识字)는 미션과 보상의 게이미피케
이션을 잘 활용한 대표적인 한자교육콘텐츠이다. 미션 수행에
대한 보상은 학습의 동기를 유발하는 강력한 상호작용 장치이
다. 미션을 수행하면 캐릭터가 등장해 잘했다는 칭찬을 하면서
별을 준다. 주어진 모든 미션을 완성하면 식자 카드를 보상으로
받는다. 또한 학습한 내용에 대한 테스트를 한 후, 성적과 랭킹
등 자신이 학습한 결과를 수치로 평가받는다. 또한 이전에 배웠
던 한자는 '읽기 수업'의 스토리에 반영되어 반복 학습 및 연상
효과로 학습자의 기억에 저장된다.

② 팬더박사 식자(熊猫博士 識字) - 캐릭터 활용 에듀테인먼트
팬더박사는 2012년에 설립한 에듀테인먼트 회사의

브랜드이며, 재미요소와 학습을 결합한 에듀테인먼트 콘텐츠를 개발하는 회사이다. 팬더박사는 게임, 교육 애플리케이션, 애니메이션 장르를 활용하여 한자교육을 학습시키는 콘텐츠를 제공한다. 그 중 팬더박사 식자(熊猫博士 識字)는 베이징대학교와 산학협력을 통하여 만든 콘텐츠이다. 스토리텔링 기반의 게임 요소를 활용하여 1,200개의 상용한자를 학습하도록 구성한 콘텐츠이다.

팬더박사 식자(熊猫博士 識字)의 주요 타켓층은 주로 3~6살의 어린이 학습자이다. 팬더박사와 토토(托托)라는 거북이 캐릭터를 중심으로 친밀감 있는 이미지와 색채로 학습자의 시각을 사로잡는 콘텐츠 구성을 하고 있다. 팬더박사와 토토(托托)의 의인화 전략을 활용하고 있다. 팬더박사는 박학다식한 선생님의 역할을, 토토(托托)는 귀여운 캐릭터의 한자공부를 하는 학습자의 역할을 담당하고 있다.

팬더박사 식자(熊猫博士 識字)의 학습은 한자기호를 스토리텔링 형식으로 전개한다는 것이다. 일상생활 속에 접할 수 있는 이야기의 모티프와 주제를 선정하여 학습을 진행한다. 이야기의 주제는 동화, 지리, 과학, 식물, 동물, 직업 등에서 이야기의 모티프를 선정하여 한자기호의 학습을 구성한다. 흥미로운 점은 주제를 선정하고 스토리 라인에 적합한 한자를 선정하여 학습시킨

다는 것이다. 예컨대 책상을 스토리로 선정하고, 한 일(一)을 학
습시키기 위해서 연필의 이미지를 배치하여 책상의 스토리를 만
들어간다. 한자기호와 이미지의 닮음을 활용한 연상의미로 학습
을 자연스럽게 이끌어가는 콘텐츠 구성이다.

　콘텐츠 구성은 학습자에게 미션과 보상을 주는 것으로 진행
된다. 학습자의 학습 프로그램은 '오늘의 수업', '수업 후 연습',
'이야기 읽기', '놀자' 4가지 영역에서 이루어진다. 한자기호 학
습의 미션이 주어지고, 읽기와 쓰기 등의 주어진 미션을 완성하
면 보상으로 별 하나를 받을 수 있다. 별은 음식 아이템과 교환하
여 캐릭터 토토(托托)에게 줄 수 있다.

　콘테츠의 상호작용은 캐릭터 토토(托托)에게 음식을 준 다양
한 반응을 보여주는 토토(托托)에게서 재미와 흥미를 느낀 학습
자에게 한자학습의 동기를 준다는 것이다. 예컨대 고추가 들어
간 매운 피자를 먹은 토토의 입에서 불을 뿜는 장면이 연출되고,
아이스크림을 먹은 토토의 머리에 눈꽃이 내리면서 몸을 떠는
장면을 연출하면서 학습자에게 즐거움을 주고 있다. 학습자는
아이템인 음식을 받기 위해서 열심히 한자기호를 학습하여 별을
받는 미션과 보상시스템으로 학습 동기를 부여하고 있다.

　팬더박사 식자(熊猫博士 識字)는 3단계의 학습 단계로 구성되

어 있다. 1단계는 230개의 한자기호를 배우는 학습과정이다. 2단계는 231개의 한자에서 591개의 한자기호를 학습하는 과정이다. 3단계는 592 개의 한자에서 1,200개의 한자기호를 학습하는 과정이다. 각 단계에는 5개 한자기호를 한 세트로 구성하여 4개 세트 20개의 한자기호를 학습하는 것으로 구성하였다. 4개 세트 20개의 한자기호를 습득한 후에는 반복학습으로 연습도 하고, 배운 한자를 중심으로 다른 어휘와 결합하여 문장을 만드는 학습도 시키고 있다.

팬더박사 식자(熊猫博士 識字)의 특징은 반복적 학습이다. 학습이 끝난 후에 반복적인 학습을 통해 한자기호를 인지하는 효과를 유도하고 있다. 또 다른 특징은 스토리 기반의 학습 프로그램을 구성하는 것이다. 예컨대 팬더박사와 토토의 집에 병아리와 송아지가 방문해 케이크를 먹는 장면을 연출하면서 한자기호 열 십(十), 윗 상(上), 아래 하(下)를 교육한다. 팬더박사가 케이크를 자르는 장면에서는 열 십(十)자 모양으로 자르면서 한자를 학습시키는 것이다. 병아리와 토토가 의자에 앉는 장면에서는 위 상(上), 케이크를 먹고 설거지하는 장면에서 수돗물이 나오는 순간에는 아래 하(下)를 배치하여 자연스럽게 한자기호를 학습하는 것이다.

팬더박사 식자(熊猫博士 識字)는 스크린에서 한자 읽기-쓰기를 잘 적용하고 있다. 학습자가 스크린에 배치된 한자를 쓰고, 마이크를 통해 한자의 발음을 따라 읽는 프로그램으로 한자를 학습하는 것이다. 그리고 한자의 의미를 해석하고 단어를 만들어 설명하는 영역이 있다. 또한 이미지를 보고 이미지에 대응하는 한자를 찾는 게임 형식으로 학습을 유도하고 있다.

팬더박사 식자(熊猫博士 識字)는 한자기호를 단순하게 암기하는 것에 머물지 않고, 한자의 독해력과 독서역량을 배양하는데 목적을 두고 있다. 그림 책 읽기 영역을 배치하여, 스토리 기반으로 배운 한자기호를 연상시키고 기억하는 인지기능을 적용하고 있다. 예컨대 한자 한 일 (一), 두 이(二), 열 십(十), 위 상(上), 아래 하(下)와 석 삼(三), 낱 개(个), 사람 인(人), 큰 대(大), 작을 소(小)를 기억시키기 위해 젖소 부인 이야기를 읽게 한다. 젖소 부인 농장에서 키운 병아리가 사라지는 이야기이다. 독서를 하는 동안 스크린에는 학습자가 배운 한자를 빨간 색으로 강조하여 한자기호의 도상과 연상의미를 각인시키고 있다. 또한 스토리에 관련된 퀴즈를 주고 보상을 주는 게임 형식으로 기억을 강화시키고 있다.

팬더박사 식자(熊猫博士 識字)의 학습의 난이도 레벨은 3단계

로 구성되어 있다. 스토리 기반의 반복 학습으로 한자기호의 도
상과 인지기능을 작동시킨다. 특히 다양한 생활 속에서 필요한
한자를 학습시키는 장소 기반의 스토리 전개가 한자를 학습해야
한다는 동기유발을 주고 있다. 예컨대 상용한자인 너 이(你), 나
아(我), 과녁 적(的) 등의 3개 한자를 가지고 6가지 문장을 만들고
이들의 의미 및 용법을 학습하게 하는 전략이다. 한자기호의 병
음과 형태의 학습을 일상생활 속에서 활용할 수 있도록 학습시
키고 있는 콘텐츠이다.

③ 2022 베이징 동계올림픽 스포츠 아이콘

한자기호가 스포츠를 상징화하는 아이콘으로 재탄생
하고 있다. 중국은 2022년 베이징 동계 올림픽과 동계 장애인 올
림픽에 관련된 스포츠 아이콘을 공식적으로 발표하였다. 이번에
총 30개의 한자기호를 스포츠 아이콘으로 제작 발표하여, 한자
기호의 미학적 아름다움을 선보였다. 북경 동계 올림픽의 24개
의 스포츠 아이콘, 동계 장애인 올림픽은 6개의 스포츠 아이콘으
로 구성하고 있다.

베이징 동계 올림픽 스포츠 아이콘은 중국을 대표하는 상징
색 중 하나인 빨강색 바탕의 한자 전각과 서체를 결합하여 한자

기호의 아름다움을 보여준다. 한자기호의 시각화 차원에서 한자
의 도상적 요소와 스포츠 종목별 핵심 제스처를 포착하여 아이
콘으로 제작하였다.

3) 이미지텔링 기반의 한자교육콘텐츠

① Chinese Skill - 외국인를 위한 한자 교육 앱

Chinese Skill은 초보자들을 위해 만든 중국어 학습 어
플리케이션으로, 2,000여 개 상용한자와 1,000여 개 단어, 200여
개 문장, 150개의 문법으로 구성된 학습 자료를 제공한다. 이중
언어를 사용하는 외국인을 대상으로하는 한자교육콘텐츠이다.
어플리케이션을 통해 영어, 한국어, 일본어, 프랑스어 등 11개의
이중 언어 학습자가 한자와 중국어를 배울 수 있다.

Chinese Skill는 '공부', '복습', '게임', '몰입'의 4가지 영역으로
구성되어, 학습자의 한자와 중국어 능력을 향상시킨다. 학습자
는 단계별로 한자의 듣기, 말하기, 읽기, 쓰기를 학습한다. 또한
한자기호의 획순과 부수, 단어, 문장, 어법 등으로 한자와 중국어
를 익힌다.

어플리케이션에서 제공하는 학습자료는 일상생활에서 자주

사용하는 한자 및 단어를 구분하여 범주화하였다. 외국인 학습자가 일상에서 사용할 수 있는 한자와 중국어 학습을 세분화하여 구성한 것이다. 예컨대 레벨1의 한자 공부 영역에서는 색깔, 숫자, 음식, 자연, 동물, 쇼핑 등의 학습 주제를 범주화하여 한자 및 단어를 배우게 한다.

또한 학습과정에서는 먼저 한자나 단어에 대응하는 이미지와 한자를 식별하고 의미를 이해하는 콘텐츠로 구성하고 있다. 예컨대 날씨에 관련된 한자를 습득하는 경우, 날씨와 연관된 한자 기호와 이미지 카드를 선택하고 바로 한자의 병음 및 발음을 학습하도록 구성하고 있다. 그리고 중국인이 직접 중국어를 말하는 것을 짧은 영상으로 보여주고 있다. 이는 마치 중국인 친구가 앞에 있는 상황을 재현하며, 학습자들이 자연스럽게 대화에 몰입하도록 유도하고 있다.

Chinese Skill은 일상의 주제를 세분화하여 구성하였고, 학습자의 흥미와 동기를 유발하기 위해 퀴즈 형식으로 구성하였다. 음식, 색깔, 쇼핑 등의 초보자를 위한 주제부터 금융, 건강 등의 상급자의 주제로 퀴즈 형식을 통해 단계별 한자와 중국어 교육 콘텐츠를 제공한다.

콘텐츠 구성과 프로그램은 학습자의 상호작용을 요구하고 있다. 한자 단어를 같이 배우고 '그림으로 한자 식별하기', '문장의 빈칸을 채우기', '한자 쓰기', '따라 읽기', '의미 찾기' 등의 다양한 미션과 반복적 학습을 통해 중국어의 듣기, 말하기, 읽기, 쓰기 능력을 향상시킬 수 있다. 흥미로운 것은 학습에서 배운 한자 단어와 문법을 기반으로 재미있는 스토리가 있는 영상으로 만들어 제공한다는 것이다.

또한 한자 쓰기 영역에는 게임의 요소를 적용하고 있다. 한자의 필획을 배우고 직접 쓰는 연습도 있고, 성조를 구분하기 위한 게임과 한자에 대응하는 병음을 찾는 게임도 있다. 문장의 옳고 그름을 판단하며 문법을 연습할 수 있는 게임과 한자 및 단어의 의미를 선택하는 게임도 있다.

콘텐츠의 '몰입' 영역에서는 일상 생활 속에서 일어나는 상황을 주제로 대화 형식으로 텍스트와 대응하는 발음을 교육시킨다. 사용자들이 한자를 따라 읽으면서 주어진 상황에 몰입하고 하고 중국어를 효율적으로 배울 수 있는 콘텐츠이다.

Chinese Skill는 중국의 '국보'인 귀여운 팬더 캐릭터를 활용하여 학습자에게 친밀감을 주는 그래픽 디자인을 구성하고 있다. 그리고 콘텐츠의 대상도 명확하게, 한자와 중국어를 공부하고 싶은 이중 언어 사용자들이다. 일상생활 속에 자주 사용하는 한자와 중국어를 주제별로 범주화하여 여행이나 출장에서 필요한 정보를 주고 있다. 또한 HSK시험에 관련된 한자 및 단어도 있어서 자격증을 따고 싶은 사람들을 대상으로 콘텐츠를 제공한다.

② Chineasy -한자와 이미지를 결합한 식자카드

Chineasy는 중국의 과학기술전문가이자 사업가인 샤오란 슈에(ShaoLan Hsueh, 薛曉嵐)과 런던의 디자인 회사가 협력해서 만든 어플리케이션이다. 어플리케이션은 사오란 슈에가 개발한 중국어 학습 시스템을 콘텐츠에 적용하고 있다. 사오란 슈에는 한자를 블록건물이라고 은유적으로 표현하며 중국 한자의 알고리즘 시스템을 분석하여 그림문자 기반의 한자교육체계를 구축했다. 2014년에 19개 언어로 Chineasy 책을 출간했고, 책의 내용을 바탕으로 교육 어플리케이션 Chineasy를 개발하였다.

Chineasy은 미국과 유럽 등 한자문화권이 아닌 이중 언어 국가의 외국인 학생들을 대상으로 한자교육콘텐츠를 제공한다. 한자기호의 특징인 표의문자와 도상적 요소인 이미지를 결합한 그림식자카드를 콘텐츠로 구성하였다.

먼저 외국인 학습자에게 흥미를 부여할 수 있는 64개의 기본 한자를 선별하여 DB를 구축하였다. 이 64개의 한자를 바탕으로

200개의 상용한자 DB를 확장하고 학습 내용을 주기적으로 업데이트한다. 또한 어플리케이션과 병행해서 학습가능한 전문 서적을 제공한다.

어플리케이션의 학습 내용은 '카드', '말하기', '복습', '퀴즈', '탐구' 5개의 단계로 이루어진다. '카드'영역은 모험 게임 형식이다. 모험 게임은 스테이지별로 간단한 한자에서 복잡한 한자까지 게임의 난이도를 높이는 방식으로 학습하는 모델이다. 또한 각 단계별로 한자의 표의문자 특성을 활용하여 창의적으로 한자와 이미지를 결합하여 만들어진 그림식자카드와 퀴즈형식의 문제를 제공하면서 자연스럽게 한자기호를 습득하도록 유도하고 있다.

예컨대, 스테이지 4는 날 일(日), 달 월(月), 밝을 명(明)을 학습하는 과정이다. 먼저 날 일(日)과 달 월(月)을 그림식자카드를 통해 의미 해석을 유도하고, 학습자는 두 한자가 합쳐져 형성된 밝을 명(明)의 의미를 인지한다.

한자의 의미에 따라 배치된 이미지는 연상 의미 또는 확장 의미와 연결된다. 날 일(日)자는 태양과 하늘을 볼 수 있는 창문의 이미지로 그려진다. 또한 달 월(月)자는 달이 보이는 창문과 달의 이미지로 그려진다. 밝을 명(明)자는 태양과 달이 함께 빛을 발하는 밝음의 뜻을 연상시키며 학습자의 인지기능을 작동시키는 학습 방법이다.

　Chineasy의 탐구 영역에서는 영상, 팟 캐스트, 블로그 등의 연관 콘텐츠를 제공한다. 한자의 도상적 이미지를 모티브로 구성된 식자카드로 중국 문화와 문화코드를 설명하는 부분이다. 예컨대 비디오부분에서 한자 비 우(雨)와 다른 한자를 합쳐서 만든 새로운 단어의 의미를 설명한다. 또한 동영상콘텐츠에서는 한자 기호를 문화코드와 연결하여 설명하고 있다. 중국인들이 넉 사(四)자를 좋아하지 않는 이유가 죽을 사(死) 자와 발음이 비슷하기 때문이라고 설명하고 있다.

　Chineasy 콘텐츠는 한자 문화권 이외의 외국 학생들의 사고방식 및 인지시스템을 고려하여, 한자의 형태에 대한 관심과 흥미를 유발하면서 학습자의 적극적인 참여와 학습 동기를 발휘하는 콘텐츠이다. 특히 한자와 이미지를 결합하여 그림카드를 활용하여 한자자형과 뜻을 연결하고, 내재적 의미를 연상시키는 방법으로 교육 콘텐츠를 제공한다.

③ 지첨서예(指尖书法)

　지첨서예(指尖书法) 어플리케이션은 디지털 스크린에

서 이루어지는 서예 학습 콘텐츠이다. 학습자들은 온라인 스크린에서 자신이 가지고 있는 서예 능력을 향상시키기 위해 어플리케이션을 사용한다. 어플리케이션은 전서, 예서, 해서, 초서 등의 서체를 배울 수 있는 교육콘텐츠로 구성되어 있다. 학습자는 자신이 선호하는 서체를 선택하여, 유명한 서예가의 글씨를 모사하고, 습작할 수 있다. 또한 자신이 습작하고 완성한 서체를 다른 학습자와 공유하고 소통하는 소셜 미디어 기반 인터랙티브 교육 콘텐츠이다.

　지첨서예(指尖书法) 어플리케이션의 목적은 현대인들에게 실시간으로 서예를 교육하는 것이다. 학습자의 감각기관인 시각, 촉각을 최대한 활용하여 디지털 스크린에서 한자 쓰기의 훈련을 통해 한자기호에 관심을 유도한다. 또한 명한 서예가의 작품을 모사하고, 연습하는 콘텐츠를 제공한다.

　지첨서예(指尖书法) 어플리케이션의 메인화면은 두가지 영역으로 이루어졌다. 하나는 연습 영역이고, 다른 하나는 모사 영역이다. 연습 영역의 메인화면에서는 학습자가 연습했던 글자, 날자, 문자의 수 등을 은 볼 수 있다. 또한 서체/그림판, 글자를 연습하는 기능을 보여주는 아이콘이 배치하고 있다.

　그리고, 한자별 단위로 분리된 고대 명가의 비문(碑文)의 글자를 연습화면에서 모사할 수 있다. 모사화면은 비문의 글자를 하나씩 보여주고, 학습자는 따라 쓴다. 명가의 비문 서체와 자신의 글자 서체를 비교하며 차이를 알 수 있다. 이것은 서예의 필법을 알아보고, 정확히 모사하며 서체 훈련을 하는 것이다. 연습이 끝나면 자신이 쓴 서체에 대한 성적도 평가받게 된다.

두 번째 글씨본 연습부분에서는 명가 문자 연습, 서예 사전, 글자 작품, 서예 공유게시판 4가지 기능을 제공한다. 서예 자전 화면에 자기 연습하고 싶은 유형을 선택하고 관련된 연습 글씨본 바로 검색할 수 있다. 또한 연습자료는 책, 고대 시, 문장, 비문 등 다양한 유형을 선택할 수 있다.

모사 연습했던 문장은 작품으로 완성할 수 있다. 고대, 현대의 서예 양식을 선택하고, 완성된 작품은 어플리케이션에 포함된 사용자 작품 게시판, SNS 플랫폼 연계 기능을 통해 작품을 저장, 전시, 공유할 수 있다. 또한, 지첨서예 어플리케이에 포함된 AI 기반 스캔 기능을 통해, 실제 서예작품의 글을 인식하고 식별, 해석할 수 있다. 총 7,000자의 갑골문, 한간, 초서, 행서, 전서 등의 고대 한자를 인공지능으로 스캔할 수 있다. 그리고 서예가 수업 영상, 서예 지식을 자세히 알려주는 영상을 제공하고 있다.

④ 억상교육(忆像敎育) - 우뇌 도상 기억술

억상교육(忆像敎育)은 유아의 우뇌 도상 학습, 지능 개발 등 연구를 하고, 유아 대상 한자교육과 관련된 교재를 출판하여 온오프라인 교육을 제공하는 교육기관이다. '억상' 식자, '억상' 병음, '억상' 글쓰기, '억상' 읽기 등 다양한 교육 과정을 포함하고 있다.

억상교육(忆像敎育)은 학습자의 우뇌 기능 및 특징에 대한 연구로 우뇌 도상 기억법을 개발하여 생활 속에 흔히 볼 수 있는 이미지와 한자를 결합한 특색 있는 식자 카드와 교재를 개발하였다. 이는 전통적인 교육방식과 달리 어린이의 감각을 자극하여 호기심과 관심을 유도하는 콘텐츠를 제공하고 있다.

한자의 도상성을 활용한 식자카드는 이미지와 한자를 결합한 교육 도구로 아이들이 한자를 쉽게 이해하고 기억하게 만든다. 식자 카드는 아이들의 기억에 언어 환경을 구성하고 각인시켜 학습된 한자를 오래 기억하게 한다. 그리고 교사들이 한자의 이미지를 활용한 스토리를 구성하거나, 실제 상황과 유사한 현실적인 장면을 재현하면서 아이들을 몰입하게 만든다. 또한 이와 관련된 게임을 통해 아이들이 재미있게 학습할 수 있도록 분위기를 조성하는 콘텐츠를 제공하고 있다.

어린이들이 일상생활 속에 자주 볼 수 있는 이미지를 통해 한자의 '음.형.의'를 재미있게 배울 수 있다. 그리고 게임, 스토리 등 다양한 학습 내용 구성으로 어린이들의 참여도를 높이고 수업의 몰입도를 높이는 콘텐츠로 구성하고 있다.

⑤ 음성 식자카드 : 음성 서비스

'음성식자카드'는 중국 가정에서 상용되는 대표적인 한자교육 식자카드이다. 음성식자카드는 각 글자 옆에 음성 센서 버튼을 설치하여 아이가 쉽게 누르고 정확한 발음소리를 들려주는 것이다. 각각의 한자기호와 발음 그리고 한자와 연관된 정보를 전달하고 있다. 그리고 음성부분에 다언어 발음, 음성조절, 모범 발음 등을 따라하게 만들어 반복적인 학습을 통하여 한자를 습득하게 만든 콘텐츠이다. 또한 따라 읽기와 테스트 모드 등의 기능을 제공하고 있어, 아이들이 자발적으로 학습을 하도록 유도하고 있다.

⑥ 천자문 :한자카드 및 책

요즘 중국 부모들에게 아이의 조기 교육은 큰 관심사이다. 그래서 3세부터 한자교육을 시키고 있다. 천자문은 중국과 한국에서 한자조기교육에 도움이 된다는 평가를 받고 있는 인지도가 높은 한자교육콘텐츠이다.

중국판 천자문 교육 교재로 출시된 한자카드 8급은 50개의 한자로 이루어져 있다. 콘텐츠 구성은 앞면에 뜻과 음이 없이 한자만 표시되어 있고, 뒷면은 뜻과 그 한자가 쓰여지는 단어의 예시를 제공하고 있어, 학습자가 한자와 예시 설명을 통해 학습을 습득하는 콘텐츠로 구성되어 있다. 전통적으로 천자문은 한자 교육 입문자, 어린이의 한자 교재로 사용되었다. 현대에는 과거보다 상용하는 한자가 많지는 않지만, 접근성이 좋고 난이도가 높지 않아 조기교육의 소재로 적극적으로 활용되고 있다.

4) 스마트 미디어 디지털 전자사전

① 바이두 중국어(百度汉语)

바이두 중국어(百度汉语)는 바이두 브랜드에 속하는 중국어를 검색하고 학습하는 콘텐츠이다. 방대한 한자 데이터와 중국어 데이터를 기반으로 AI인공지능 기술을 활용한 콘텐츠이다. 바이두 중국어(百度汉语)는 PC 버전과 스마트폰용 애플리케이션 버전이 있다. 두 버전에는 단어, 성어, 시사 등과 관련된 내

용을 전달하고, 음성검색 서비스로 자동으로 식별해주는 인공지
능 기술을 적용하고 있다.

바이두 중국어(百度汉语)는 검색, 시사학습, 글쓰기 소재, 게
임, 푸시, 유료 동영상 수업, 즐겨 찾기 등의 다양한 기능을 포함
한다. 특히 검색 기능에서 한자를 찾을 때 기본적인 병음으로 찾
는 방법 이외에도 부수이나 필획에 따라 검색할 수 있다. 부수로
한자를 찾기 위해서는 부수의 획순에 따라 1-14획 및 기타로 구
분하고, 부수를 선택한 후에 부수 이외의 한자 부수의 획순에 따
라 한자를 찾을 수 있다.

또한 음성 식별 검색, 스캔 글자 식별 검색 기능으로도 한자를
검색할 수 있다. 예컨대 책에 있는 마노 마(码)를 스마트 폰 카메
라로 스캔하면, 각 단어의 병음 및 의미를 볼 수 있다. 그리고 매
일 한마디, 매일 성어 영역에서 마노 마(码)와 연관된 다른 명언
과 성어를 추천하여 사용자들이 짧은 여가 시간에 활용하여 중
국어를 배울 수 있도록 한다. 그리고 게임 영역에서는 한자 퀴즈,
사자성어 끝말잇기 등 다양한 게임을 제공하여 학습자들의 흥미
를 유발한다.

추천 영역에서는 한자의 기원, 성어 고사 등 중국어 또는 중국
문화에 관련된 다양한 글과 영상을 제공한다. 또한, 연령, 학년에

따라 유치원에서 고등학교까지 학습 단계와 난이도를 선택할 수 있고 병음, 시사, 단어, 글쓰기, 저작에 관한 독서 지도 등 여러 가지 유료 수업을 추가로 결제할 수 있다.

바이두 중국어(百度汉语) 어플리케이션은 음성검색, 문자자동식별 등의 인공지능 기술을 활용한 검색기능을 제공하는 등 사용자들이 편하게 검색할 수 있는 콘텐츠를 제공한다. 또한 게임을 통해 재미있게 공부할 수 있고 버스를 기다리는 짧은 시간에도 짧은 동영상이나 글을 통해 중국어를 배울 수 있다. 하지만 모든 기능이나 내용은 중국어로 해서 초보자에게 어려움이 있고 사용자는 중국어 학습 기초가 있어야 한다.

② 신화자전(新华字典) - 중국 국민사전의 공식 앱

중국판 국어사전인 '신화자전'(新華字典)은 세계에서 가장 많이 팔린 서적중 하나이다. 성경 다음으로 많이 팔리는 책으로, 전 세계에서 모두 5억 6,700만권이 팔렸다. 지금까지 11차례의 개정을 했고 200쇄 넘게 인쇄했다. 2016년 6월 세계 기네스기록원은 신화자전을 기네스북의 '가장 인기 있는 사전'과 '가장 많이 팔린 책'에 등재되었다.

'신화자전'(新華字典)은 1953년부터 출판됐지만, 중국 최초의 근대 출판기관인 상무인서관에서 1957년 1쇄를 출간했다. 2017년에 70주년을 맞은 신화자전이 애플리케이션의 유료 버전과 무료 버전으로 나눠 출시했다.

'신화자전'(新華字典)의 애플리케이션은 전통 책의 이미지를 최대한 살린 디자인을 적용하여 빨강과 흰색을 활용하여 어플리케이션의 아이콘을 구성하고 있다. 사전이 지니는 인지도를 바탕으로 대중성을 노리는 전략이다.

'신화자전'(新華字典)에서는 학습자에게 한자 어휘, 중국어 발음기호인 병음, 부수, 획순과 관련된 검색 기능과 음성 인식 기능을 제공하고 있다. 또한 QR 코드 기능을 활용하는 검색 기능도 제공하고 있다. 또한 CCTV의 유명 아나운서의 표준어 발음을 듣고 글씨를 정확하게 받아쓰는 기능도 가지고 있는 등 모든 사람들이 사용할 수 있는 디지털 사전이다.

맺음말

우리는 오랫동안 텍스트로 구성된 소설, 동화, 신화 등을 읽으며 상상의 세계에 빠져들곤 했다. 종이 위에 인쇄된 텍스트의 의미를 해독하고, 스토리의 줄거리를 파악하는 독서행위를 하였다.

또한 종이 위에 쓰여진 문자는 정보를 교환하고, 지식체계를 구축하는 의미작용을 유도했다. 종이 위에 쓰인 문자의 해석을 통해 정보와 지식을 전달하고 학습하는 인지기능을 수행한 것이다. 하지만 종이 위에서 수행된 텍스트의 독서행위와 인지기능이 디지털 스크린에서 이루어지고 있다. 다양한 디지털 영상 스크린에 배치된 디지털 문자를 해석하면서 소통과 인지의 새로운 양상이 만들어지고 있다.

디지털 기술이 만들어가고 있는 소통과 인지의 새로운 양상(modality)은 디지털 문자를 기반으로 조성되고 있다. 수사학과 글쓰기의 이론을 제시한 아리스토텔레스는 양상을 '판단의 확실성 논리'라고 했다. 감각을 통해 지각하고 인지하는 다양한 현상과 존재에 관한 가치 평가의 영역이라는 것이다. 디지털 문자는 인공지능 시대의 새로운 양상을 조성하는 핵심 주체이다. 오늘날 우리가 디지털 문자를 스크린에서 터치하면서 정보와 지식을 획득하고 새로운 해석과 인지활동을 하고 있기 때문이다.

　최근 광화문 광장에 5G 체험관이 만들어지고, 스크린은 디지털 문자로 채워지고 있다. 초 스피드 시대 디지털 문자가 빠르게 스크린 사회를 조성하고 있다. 우리 사회 도처에 배치된 무인 스크린의 디지털 문자가 새로운 소통 문화를 만들어가고 있다. 문맹 사회에서 문자가 지식이고 권력이었듯이, 디지털 문자가 스크린 사회의 새로운 지식과 권력으로 등장하고 있다. 실시간 접속의 SNS플랫폼, 포털사이트 등을 통해 디지털 문자로 지식과 뉴스 등 정보를 검색하고, 새로운 사이버 문화를 향유하는 시대로 진화하고 있다.

　인공지능 시대에 디지털 문자는 상징 도구를 넘어, 뇌 세포를 움직이는 인지적 도구이다. 시각적 망막을 통과한 디지털 문자가 뇌의 대뇌피질에 존재하는 문자 상자에 도착해 의미를 해석하는 과정은 몇 초 사이에 이루어진다. 디지털 문자의 인지적 해석 과정에 수많은 신경세포가 개입하는 것이다.

　또한 한 사람의 뇌 속에 저장된 문자 어휘가 약 5만개 정도라고 한다. 디지털 문자를 포착한 순간 문자의 의미를 해독하기 위해 1초에 5개 정도의 단어가 연상 된다고 한다. 이러한 과정은 무의식적으로 작동되는 문자의 인지기능과 뇌 세포의 기능으로 이루어지는 정신적 활동이다.

　이 책의 내용은 알파벳 문자와 달리 도상성이 강한 디지털 한자가 조성하는 스크린 사회의 풍경과 한자기호의 인지기능을 적용한 다양한 한자교육콘텐츠를 사례로 제시하고 있다. 한자기호는 13억의 중국과 동아시아 한자문화권 사람들이 온라인에서 사용하는 디지털 문자로 진화하고 있다. 그 이유는 한자기호의 형태를 표현하는 도상과 한자의 의미를 연상시키는 의미망의 조합이 강한 문자이기 때문이다.

　한자기호의 표층구조를 구성하는 형태와 심층구조의 의미망의 연결구조는 한자교육콘텐츠를 관통하는 핵심 키워드이다. 중국에서 유통되는 한자교육콘텐츠들은 한자기호의 도상성과 한자기호의 의미망을 연상시키는 학습 프로그램으로 구성하고 있다. 중국의 온라인 교육 시장에서 상용화되고 있는 한자교육콘텐츠는 230여 개 정도이다. 그 중 학습자들의 리뷰수가 많은 콘텐츠를 선별하여 분석한 결과, 한자기호의 특성을 고려한 알고리즘을 장착한 콘텐츠가 좋은 반응과 학습 효과를 이끌어낸다는 것을 알 수 있었다.

한자교육콘텐츠의 목적은 한자를 학습하는 학습자의 학습 동기와 학습 성취도를 높이는 것이다. 학습자의 콘텐츠 몰입은 자신도 모르는 사이에 학습 동기와 성취감을 갖게 만드는 몰입의 장치가 중요하다. 부지불식중에 한자기호의 형태와 의미를 연결시키는 인지적 스키마를 형성하게 만드는 것이 중요하다. 인지적 스키마는 자발적으로 지식을 습득하도록 유도하는 구성주의 관점이다. 책의 사례 분석으로 선정한 한자교육콘텐츠에도 인지적 스키마가 작동하고 있다.

또한 학습자의 감각을 자극하여 몰입을 유도하기 위한 다양한 시각적 이미지를 적절하게 사용하고 있음을 확인하였다. 학습자를 학습 콘텐츠에 참여하게 하는 전략으로 캐릭터의 의인화와 상징적 아이콘을 활용하고 있다. 한자교육콘텐츠의 매인 타켓인 어린아이들이 좋아하는 곰, 거북이, 고양이 등의 동물을 의인화하고 친밀감을 유도하며 학습 분위기를 조성하고 있다. 캐릭터가 주도하는 스토리텔링 형식으로 학습 내용을 구성하며, 내러티브 스키마를 적용하고 있다. 학습자에 잘 알려진 이야기를 콘텐츠의 핵심 배경으로 사용하거나, 시리즈 학습에 이야기를 적용하여 학습을 진행하는 콘텐츠들이다.

캐릭터와 스토리텔링 차원의 콘텐츠 기획에서는 게이미케이션의 교육 방법론을 적용하고 있다. 교육 프로그램의 난이도를 단계별로 조절하여 학습자에게 미션을 주고 보상하는 시스템이다. 반복적인 주입식 교육의 한계를 극복하기 위한 학습자에게 미션과 보상을 주어서 몰입의 환경을 조성하는 전략이다. 특히 게임콘텐츠를 통해 학습 미션을 부여하고 보상하는, 미션과 보상의 학습 과정을 통해 콘텐츠의 몰입도를 높이고 있다.

인공지능 시대에 한자기호의 문자적 가치와 교육적 가치가 인공지능의 디지털 기술과 결합하여, 한자의 소통기능과 인지 기능이 자동화되는 다양한 콘텐츠들이 등장할 것이다. 인문학의 휴머니즘과 빅 데이터의 알고리즘 기술이 융합하는 차원에서 동아시아 한자문화권의 한자기호가 다양한 인공지능 콘텐츠로 서비스될 것이다. 스마트 미디어 시대 디지털 문자와 한자교육콘텐츠의 접근 이론과 방법론이 학제적 연구자들에게 미래 한자기호의 다양한 양상을 연구할 수 있는 방향을 제시하는 접근이길 바라면서 책을 마무리 한다.

참고문헌

고인덕 외(2010), 문자개념 다시보기, 연세대학교 대학출판문화원.

김동일(2016), 피에르 부르디외, 커뮤니케이션북스.

나카사마 마사키, 김상운(2018), 자크 데리다를 읽는 시간, 아르테.

데안 수직, 정지인 옮김(2012), 사물의 언어, 홍시.

로이 하리스, 고석주 옮김(1999), 소쉬르와 비트겐슈타인의 언어, 보고사.

로이 하리스, 김남시 옮김(2010), 문자의 기호들, 연세대학교 대학출판문화원.

백승국(2016), 문자기호학과 인터랙티브 콘텐츠, 기호학 연구.

백승국 외(2015), 그레마스 서사도식의 스키마 이론 고찰-웰니스 콘텐츠 이용자의 인지행로 분석-, 기호학 연구.

안 마리 크리스탱 외(2020), 문자와 예술, 한국문화사.

심현주(2020), 한자의 역사, 문자기호 한자의 도상성과 인지적 기능, 역락.

심현주(2021), 이중 언어 한자브랜드의 인지기능에 관한 고찰-프랑스 기업 브랜드를 중심으로, 한국프랑스학회.

심현주(2020), 이미지텔링의 시각 기호학적 연구, 인하대학교.

월터 옹, 임명진 역(2018), 구술문화와 문자문화, 문예출판사.

어빙 고프만, 진수미(2016), 자아 연출학, 현암사.

에밀 쿠에, 김동기, 김분(2020), 자기암시, 하늘아래.

이동후(2018), 월터 옹, 커뮤니케이션북스.

이혜민 외(2016), 문자와 권력, 한국문화사.

존 필드, 이성은 옮김(2020), 심리언어학, 말과마음의 학문, 학이시습.

장클로드 슈미트 외(2020), 서양의 문자문명과 매체, 한국문화사.

W.J.T. 미첼, 임산 옮김(2005), 아이코놀로지, 시지락.

에케하르트 캐멀링, 이한순 외 옮김(2005), 도상학과 도상해석학, 사계절.

아마두 함파테 바, 이희정 옮김(2008), 들판의 아이, 북스코프.

잭 구디, 김성균 역(2009), 야생정신 길들이기, 푸른역사.

하영삼(2019), 연상한자, 도서출판 3.

허주잉, 김은희 옮김(2013), 한자 문화학, 연세대학교 대학출판문화원.

Jacques Derrida(2010), 김성도 역, Grammatology, 민음사.

Christine, A(2002), History of Writing: From Hieroglyph to Multimedia, Flammarion-Pere Castor.

Andreas Stauder(2018), On system-internal and differential iconicity in Egyptian Hieroglyphic Writing, Liege: Presses Universitaire de Liege.

Christin, Anne Marie(2002), A History of Writing: From Hieroglyph to Multimedia, Paris: Flammarion.

Derrida, Jacques(1967), De la Grammatology, Paris: Les Éditions de Minuit.

Garza-Cuaron, Beatriz (1991), Connotationand Meaning, New York: Mouton de Gruyter.

Goody,Jack(1977), The Domestication of the Savage Mind, Cambridge: Cambridge University press.

Gelb I.J (1962), A study of writing, Chicago: Chicago University Press.

Harris, Roy(1996), Sign of writing, Oxfordshire: Routledge.

Ha, YongSam(2019), Associated Hanja, Busan: 3.

Kehe Zang(2018), On the cognitive strategy of ideographicwriting: Taking the semanto-phonetic structure of Chu bamboo-strip scriptsas an example, Journal of Chinese Writing systems, vol 2.

Maria Giulia Dondero(2006), Quand l'écriture devient texture de l'image, Limoges: Pulim.

Martine Cornuéjols(2001), Sens du mot, sens de l'image, Paris: Harmattan.

Merleau-Ponty,M(1952), Le Langage indirect et les voix du silence, Paris: Les Temps Modernes.

Pierre-Antoine Chardel(2020) Empire du signal -De l'écrit aux écrans, CNRA, Edition.

Roland Barthes(1994), The Semiotic challenges, Berkeley : University of California Press.

Saussure, Ferdinand(1916), Coursein General Linguistics , Routledge.

Shim, Hyounjoo(2021), Study of Cognitive Function of Chinese.

Character Based on Semiotics of Writing, Journal of Chines Writing System.

참고자료

[한국한자연구소 한자문명연구사업단 공식사이트]
http://www.hanja.asia/

[맥도날드 키오스크 사례]
Fast Food Giant or Tech Leader？快餐巨擘还是科技领导者？
https://ishare.ifeng.com/c/s/v002L-_tvoS7ALZLGh9UuwMa72Flq5GVhidi
pG3RpNFy8pMI_)

[Whats App Emoji 사례]
Meanings of WhatsApp Symbols, Icons, Emoticons https://techwelkin.com/
whatsapp-symbols-meaning-icons-emoticons-chinese

[화성문(火星文)]
青少年用火星文加密小纸条为不让家长看懂 http://news.sohu.
com/20110422/n306252432.shtml

[포포식자(布布识字)]
- 어플리케이션 소개 http://www.pc6.com/az/741010.html

[한자사유(汉字思维)]
- 설명 https://www.jianshu.com/p/335b3eeb3750

[오공식자(悟空识字)]
- 설명
https://baike.baidu.com/item/%E6%82%9F%E7%A9%BA%E8%AF%86
%E5%AD%97
- 어플리케이션 소개 http://www.pc6.com/az/118627.html

[학문고양이 한자가르치기(学问猫)]
- 설명 https://baike.baidu.com/item/学问猫/10744639?fr=aladdin
- 에피소드 40회 https://v.pptv.com/show/ibs0rqBB25iaSHBck.html

[기묘한 한자 TV프로그램]
- 奇妙的汉字 공식계정
https://weibo.com/tv/show/1034:4491746185510946

[홍은식자(洪恩识字)]
- 설명
https://baike.baidu.com/item/%E6%B4%AA%E6%81%A9%E8%AF%86
%E5%AD%97
- 어플리케이션 소개
http://www.pc6.com/az/499083.html

[지평(知乎)]
- 한자 교육 어플리케이션 비교 분석 사례
https://zhuanlan.zhihu.com/p/142659024

[팬더박사 식자(熊猫博士 識字)]
- 브랜드 공식사이트 https://www.xiongmaoboshi.com/
- 어플리케이션 소개 http://www.pc6.com/az/742012.html

[2022 동계올림픽 스포츠 아이콘]
- SNS공식계정 https://weibo.com/u/5980037952

[ChineseSkill 앱스토어]
- 어플리케이션 소개
https://apps.apple.com/cn/app/learn-chinese-chineseskill
http://www.pc6.com/az/197031.html

[Chineasy]
- 공식 사이트 https://www.chineasy.com/
- 어플리케이션 소개
https://apps.apple.com/cn/app/chineasy-learn-chinese-easily

[지첨서예(指尖书法)]
- 어플리케이션 소개 http://www.pc6.com/iphone/786833.html

[억상교육(忆像教育)]
- 공식사이트 http://yeshinedu.com

[한자 교육 상품]
- 식자카드
https://detail.tmall.com/item.htm?spm=a230r.1.14.176.245963
- 천자문
https://detail.tmall.com/item.htm?spm=a230r.
- 곰돌이 한자카드
https://search.shopping.naver.com/catalog/16444634564?cat_id

[바이두 중국어(百度汉语)]
- 어플리케이션 소개 http://www.pc6.com/az/683316.html
- 바이두 디지털 사전의 중국어 기능 평가도식 "百度汉语"学习软件在词
汇教学中的应用研究——以《发展汉语·中级综合Ⅰ》为例, 2019.6, 卢鸣,

[신화자전(新华字典) - 商务印书馆官方正版]
- 설명 https://baike.baidu.com/item/新华字典/16866885?fr=aladdin#3
- 어플리케이션 소개 https://apps.apple.com/cn/app/%E6%96%B0

저자 **심현주**

인터랙티브콘텐츠 전공자이며, 세부전공은 문자기호학과 콘텐츠이다. 한자기호의 문자학 이론과 방법론을 모색하는 학제적 연구에 집중하고 있다. 또한 한자기호의 도상성과 인지기능을 중심으로 한자테라피와 한자교육콘텐츠를 기획하고 제작하는 실용적 연구도 진행하고 있다. 산학연 연구프로젝트인 〈문자콘텐츠와 SNS 마케팅 전략 연구〉를 수행했으며, 최근 연구 논문은 「漢字符號的 象似性 研究」, 「박물관학과 인터랙티브콘텐츠 연구」, 「이중언어 한자브랜드의 인지기능 고찰-프랑스 기업 브랜드를 중심으로-」, 「A study of cognitive function of chinese characters based on semiotic of writing」 등이 있다. 저서로는 『문자기호 한자의 도상성과 인지기능』(공저)이 있으며, 현재 경성대 HK+ 한자문명연구 사업단의 연구교수로 재직하고 있다.

경성대학교 한국한자연구소 학술총서 4

스마트 미디어 시대
디지털 문자와 한자교육콘텐츠

초판1쇄 인쇄 2021년 1월 20일
초판1쇄 발행 2021년 1월 29일

지은이   심현주
펴낸이   이대현
편집   이태곤 권분옥 문선희 임애정 강윤경
디자인   안혜진 최선주
마케팅   박태훈 안현진

펴낸곳   도서출판 역락
출판등록   1999년 4월 19일 제303-2002-000014호
주소   서울시 서초구 동광로 46길 6-6 문창빌딩 2층 (우06589)
전화   02-3409-2060
팩스   02-3409-2059
홈페이지   www.youkrackbooks.com
이메일   youkrack@hanmail.net

ISBN   979-11-6244-686-7 94700
          979-11-6244-680-5 94080(세트)